普通高等教育应用型教材——经济管理类信息化系列

应用统计学

——基于 Excel（微课版）

相广萍 陆 川 编著

北京理工大学出版社
BEIJING INSTITUTE OF TECHNOLOGY PRESS

内容简介

本教材根据应用型人才培养的要求，系统地介绍了统计学基础中的相关知识及技能，包括统计学的含义、变量与数据的概念及分类、数据收集、数据整理、数据的可视化、描述统计分析、一元线性回归分析、时间序列分析与预测、参数估计、假设检验。本教材在讲解统计学相关原理及理论知识的同时，更注重培养学生的实践操作能力。全书使用 Excel（2010 版）实现计算与分析，案例数据真实、时效性强、步骤详细、清晰，图表设计规范。根据章节的重难点，分别在第 3 章、第 5 章、第 6 章、第 7 章、第 8 章、第 9 章加入了微课视频，动态讲解操作方法，方便读者自学。

本教材可作为普通高等院校非统计学专业的本科生、高等职业技术院校非统计学专业的专科生、继续教育的本科生或专科生的教材，也可作为实际工作者或各领域的管理人员的参考资料，或作为对统计学知识感兴趣的其他读者的入门书籍。

版权专有　侵权必究

图书在版编目（CIP）数据

应用统计学：基于 Excel：微课版／相广萍，陆川编著. —北京：北京理工大学出版社，2020.5

ISBN 978-7-5682-8369-4

Ⅰ．①应… Ⅱ．①相… ②陆… Ⅲ．①应用统计学-高等学校-教材 Ⅳ．①C8

中国版本图书馆 CIP 数据核字（2020）第 060950 号

出版发行 /	北京理工大学出版社有限责任公司
社　　址 /	北京市海淀区中关村南大街 5 号
邮　　编 /	100081
电　　话 /	（010）68914775（总编室）
	（010）82562903（教材售后服务热线）
	（010）68948351（其他图书服务热线）
网　　址 /	http://www.bitpress.com.cn
经　　销 /	全国各地新华书店
印　　刷 /	三河市天利华印刷装订有限公司
开　　本 /	787 毫米×1092 毫米　1/16
印　　张 /	10
字　　数 /	235 千字
版　　次 /	2020 年 5 月第 1 版　2020 年 5 月第 1 次印刷
定　　价 /	38.50 元

责任编辑 /	钟　博
文案编辑 /	孟祥雪
责任校对 /	周瑞红
责任印制 /	李志强

图书出现印装质量问题，请拨打售后服务热线，本社负责调换

前 言

《应用统计学——基于 Excel（微课版）》是一本统计学的基础教材，全书共 9 章。第 1 章介绍统计学的含义及数据等相关概念。第 2 章介绍数据的收集方法。第 3 章和第 4 章介绍数据的整理方法，包括数据的预处理、频数分布表的设计、统计图的绘制。第 5 章介绍数据描述分析，包括描述水平、描述差异、描述分布形状的统计量。第 6 章和第 7 章介绍推断统计相关内容，包括参数估计和假设检验。第 8 章介绍应用非常广泛的一元线性回归分析。第 9 章介绍时间序列分析和预测，包括增长率分析、时间序列的成分和预测方法、平滑法预测、趋势预测、分解法预测。

本教材在编写过程中，充分借鉴了其他专家的观点，在保证理论知识够用的前提下加大了实操内容的比例，旨在提高学生的分析应用能力。为了帮助学生更好地掌握统计学的基本理论与方法，本教材在内容编排和组织上主要有以下几个特点。

● 结合应用型高校的特点，注重统计方法的应用。每章以思考的形式引导本章内容，关于方法的介绍，完全回避数学推导，并把烦琐的计算交给软件来完成。

● 本教材难易适中，只涉及相对容易掌握且应用性强的内容。考虑到读者对象的特点，Excel 能够实现的一些方法并没有在教材中介绍，如方差分析、双样本检验、多元回归分析等。此外，在本教材末的附录中提供了全书用到的所有 Excel 函数，方便读者查找。

● 增设微课视频。针对较难理解的知识或难掌握的技能，均录制有动态操作视频，便于学生课后自学。

● 全书引用近五年的真实数据或案例，每个知识点均有案例分析。案例数量多，且突出了连贯性的特点。

● 突出实操性特点。各章节、各知识点先原理，后实操，全部采用 Excel 软件进行计算与分析。操作完整，步骤详细。

● 练习多而全。各章均设置练习题，覆盖每章各知识点，使学生通过练习发现自己未掌握之处，更好地掌握相关知识。

陆川编写第 1、2 章；相广萍编写第 3~9 章，并对全书进行统稿、修订、定稿。教材中如有不妥和错误之处，望读者不吝指正。

目 录

第1章 统计学与数据 ……………………………………………………………… (1)
  1.1 统计学概述 ………………………………………………………………… (1)
    1.1.1 统计学的含义 ………………………………………………………… (1)
    1.1.2 统计学的起源 ………………………………………………………… (2)
    1.1.3 统计学的理论统一的重大意义 ……………………………………… (2)
  1.2 变量及其分类 ……………………………………………………………… (3)
    1.2.1 变量与数据 …………………………………………………………… (3)
    1.2.2 变量的分类 …………………………………………………………… (3)
  练习题 …………………………………………………………………………… (4)

第2章 数据收集 ………………………………………………………………… (6)
  2.1 数据来源 …………………………………………………………………… (6)
    2.1.1 数据的间接来源 ……………………………………………………… (6)
    2.1.2 数据的直接来源 ……………………………………………………… (7)
  2.2 数据产生 …………………………………………………………………… (8)
    2.2.1 Excel"数据分析"工具的安装 ……………………………………… (8)
    2.2.2 用 Excel 进行抽样 …………………………………………………… (9)
    2.2.3 用 Excel 产生随机数 ………………………………………………… (11)
  练习题 …………………………………………………………………………… (13)

第3章 数据整理 ………………………………………………………………… (15)
  3.1 数据的预处理 ……………………………………………………………… (15)
    3.1.1 数据审核与验证 ……………………………………………………… (15)
    3.1.2 数据排序与筛选 ……………………………………………………… (17)
  3.2 类别数据的整理 …………………………………………………………… (21)
    3.2.1 简单频数分布表 ……………………………………………………… (21)
    3.2.2 二维列联表 …………………………………………………………… (23)
    3.2.3 类别数据的简单分析 ………………………………………………… (23)

3.3 数值数据的整理 ……………………………………………… (24)
    3.3.1 数据分组 ……………………………………………… (24)
    3.3.2 用 Excel 制作频数分布表 …………………………… (25)
练习题 ……………………………………………………………… (27)

第 4 章 数据的可视化 …………………………………………… (30)

4.1 类别数据的可视化 …………………………………………… (30)
    4.1.1 条形图 …………………………………………………… (30)
    4.1.2 饼图和环形图 …………………………………………… (33)
4.2 数值数据的可视化 …………………………………………… (35)
    4.2.1 直方图 …………………………………………………… (35)
    4.2.2 散点图和气泡图 ………………………………………… (36)
    4.2.3 雷达图和轮廓图 ………………………………………… (39)
4.3 科学使用图表 ………………………………………………… (42)
练习题 ……………………………………………………………… (42)

第 5 章 描述统计分析 …………………………………………… (45)

5.1 描述水平的统计量 …………………………………………… (45)
    5.1.1 平均数 …………………………………………………… (45)
    5.1.2 分位数 …………………………………………………… (47)
    5.1.3 众数 ……………………………………………………… (50)
5.2 描述差异的统计量 …………………………………………… (51)
    5.2.1 全距 ……………………………………………………… (51)
    5.2.2 四分位距 ………………………………………………… (51)
    5.2.3 方差和标准差 …………………………………………… (51)
    5.2.4 离散系数 ………………………………………………… (53)
    5.2.5 标准分数 ………………………………………………… (54)
5.3 描述分布形状的统计量 ……………………………………… (56)
    5.3.1 偏度系数 ………………………………………………… (56)
    5.3.2 峰度系数 ………………………………………………… (56)
5.4 利用工具进行描述统计 ……………………………………… (57)
练习题 ……………………………………………………………… (58)

第 6 章 参数估计 ………………………………………………… (60)

6.1 参数估计中的基本知识 ……………………………………… (60)
    6.1.1 统计量及其分布 ………………………………………… (60)
    6.1.2 样本均值的分布 ………………………………………… (61)
    6.1.3 样本比例和样本方差的分布 …………………………… (64)
    6.1.4 统计量的标准误 ………………………………………… (64)
6.2 参数估计的原理 ……………………………………………… (65)

6.2.1　点估计与区间估计 …………………………………………… (65)
　　6.2.2　评价估计量的标准 ………………………………………… (68)
6.3　单个总体均值的区间估计 ……………………………………………… (69)
　　6.3.1　大样本的估计 ………………………………………………… (70)
　　6.3.2　小样本的估计 ………………………………………………… (71)
6.4　单个总体比例的区间估计 ……………………………………………… (73)
6.5　单个总体方差的区间估计 ……………………………………………… (74)
6.6　样本量的确定 …………………………………………………………… (75)
　　6.6.1　估计总体均值时样本量的确定 ……………………………… (75)
　　6.6.2　估计总体比例时样本量的确定 ……………………………… (76)
练习题 ………………………………………………………………………… (77)

第7章　假设检验 ……………………………………………………………… (78)

7.1　假设检验的步骤 ………………………………………………………… (78)
　　7.1.1　提出假设 ……………………………………………………… (78)
　　7.1.2　确定显著性水平 ……………………………………………… (80)
　　7.1.3　做出决策 ……………………………………………………… (81)
　　7.1.4　表述结果 ……………………………………………………… (84)
7.2　单个总体均值的检验 …………………………………………………… (84)
　　7.2.1　大样本的检验 ………………………………………………… (84)
　　7.2.2　小样本的检验 ………………………………………………… (87)
7.3　单个总体比例的检验 …………………………………………………… (89)
7.4　单个总体方差的检验 …………………………………………………… (90)
练习题 ………………………………………………………………………… (91)

第8章　一元线性回归分析 …………………………………………………… (93)

8.1　变量间关系的度量 ……………………………………………………… (93)
　　8.1.1　变量间的关系 ………………………………………………… (93)
　　8.1.2　相关关系的描述 ……………………………………………… (94)
　　8.1.3　相关关系的度量 ……………………………………………… (96)
8.2　回归模型及其参数估计 ………………………………………………… (98)
　　8.2.1　一元线性回归模型与回归方程 ……………………………… (99)
　　8.2.2　参数的最小平方估计 ………………………………………… (99)
8.3　模型评估和检验 ………………………………………………………… (103)
　　8.3.1　模型评估 ……………………………………………………… (103)
　　8.3.2　显著性检验 …………………………………………………… (105)
8.4　预测 ……………………………………………………………………… (107)
　　8.4.1　平均值的置信区间 …………………………………………… (107)
　　8.4.2　个别值的预测区间 …………………………………………… (108)

8.5 残差分析 ·· (110)
    8.5.1 残差与标准化残差 ·· (110)
    8.5.2 残差图及其解读 ··· (111)
练习题 ·· (112)

第9章 时间序列分析与预测 ·· (114)

9.1 增长率分析 ··· (114)
    9.1.1 增长率与平均增长率 ·· (114)
    9.1.2 年化增长率 ··· (116)
9.2 时间序列的成分和预测方法 ·· (118)
    9.2.1 时间序列的成分 ·· (118)
    9.2.2 预测方法的选择与评估 ·· (119)
9.3 平滑法预测 ··· (121)
    9.3.1 移动平均预测 ··· (122)
    9.3.2 简单指数平滑预测 ··· (122)
9.4 趋势预测 ·· (125)
    9.4.1 线性趋势预测 ··· (126)
    9.4.2 非线性趋势预测 ·· (128)
9.5 分解法预测 ··· (133)
练习题 ·· (140)

附录 Excel中的统计函数 ·· (143)

参考文献 ··· (145)

第 1 章

统计学与数据

> **想一想**
>
> ◆ 什么是统计学？
> ◆ 你在日常生活和学习中接触过哪些数据？
> ◆ 如调查一批人的性别、年龄、籍贯等，会涉及哪些变量？
> ◆ 如果让你在本校做一次调查，你会调查所有的学生还是抽取一部分学生呢？假如让你从全校学生中随机抽取 300 人，你会怎么抽取？
> ◆ 你使用过 Excel、SPSS、R 等与统计相关的软件吗？
> ◆ 不使用统计软件也可以做统计分析吗？

在日常学习和生活中，经常会接触各类数据，比如气候数据、人口数据、存贷款数据、CPI（居民消费价格指数）数据、股票交易数据、某品牌电脑的销售量，等等。这些数据如果不加以分析，将仅仅是简单的数字，提供的信息十分有限。那么，如何分析这些数据？用什么方法分析？这就是统计学要解决的问题。

有了数据不去分析，那数据就没有太多价值。这就涉及两个问题：一是到哪里去找所需的数据；二是用什么方法分析这些数据。本章首先介绍统计学的含义，然后介绍数据及其分类。

1.1 统计学概述

1.1.1 统计学的含义

统计学（statistics）是通过搜索、整理、分析、描述数据等手段，达到推断所测对象的本质，甚至预测对象未来的一门综合性学科。统计学用到了大量数学及其他学科的知识，其应用范围几乎覆盖了社会科学和自然科学的各个领域。

在统计学中，收集数据就是获得所需要的数据。处理数据是对所获得的数据进行加工和处理，包括数据的计算机录入、筛选、分类和汇总等，以使其符合进一步分析的需要。数据分析是利用统计方法对数据进行分析。数据分析所用的方法大体上可分为描述统计（descriptive statistics）和推断统计（inferential statistics）两大类。

描述统计主要是利用图表形式对数据进行汇总和展示，针对一些简单的统计量，诸如比例、比率、平均数、标准差等。推断统计主要是根据样本信息来推断总体的特征，内容包括参数估计和假设检验两大类。

参数估计是利用样本信息推断所关心的总体特征。假设检验则是利用样本信息判断对总体的某个假设是否成立。比如，从一批灯泡中随机抽取少数几个灯泡作为样本，测出它们的使用寿命，然后根据样本灯泡的平均使用寿命估计这批灯泡的平均使用寿命，或者检验这批灯泡的使用寿命是否等于某个假定值，这就是推断统计要解决的问题。

概括地讲，统计学是一门关于数据的科学，它研究的是来自各领域的数据，提供的是一套通用于所有学科领域的获取数据、分析数据，并从数据中得出结论的原则和方法。这些方法是通用于所有学科领域的，而不是为某个特定的问题领域构造的。统计方法不是一成不变的，使用者在特定的情况下必须根据所掌握的专门知识做出选择，而且如果需要，还要进行必要的修正。

在人类社会进入大数据时代的今天，数据分析越来越受重视，统计学也在各领域发挥出越来越大的作用。可以说，统计学提供了适用于所有学科领域的通用数据分析方法，是一种通用的数据分析语言，只要有数据的地方就会用到统计方法。

1.1.2 统计学的起源

统计学的英文 statistics 最早源于现代拉丁文 statisticum collegium（国会）、意大利文 statista（国民或政治家），以及德文 statistik，最早由 Gottfried Achenwall 于 1749 年使用，代表对国家的资料进行分析的学问，也就是"研究国家的科学"。19 世纪，统计学在广泛的数据及资料中探究其意义，并且由 John Sinclair 引进到英语世界。

统计学是一门很古老的科学，一般认为其学理研究始于古希腊的亚里士多德时代，迄今已有 2 300 多年的历史。它起源于对社会经济问题的研究。在发展过程中，统计学至少经历了城邦政情、政治算数和统计分析科学三个发展阶段。数理统计并非独立于统计学的新学科，确切地说，它是统计学在第三个发展阶段所形成的所有收集和分析数据的新方法的一个综合性名词。概率论是数理统计方法的理论基础，但是它不属于统计学的范畴，而属于数学的范畴。

1.1.3 统计学的理论统一的重大意义

统计学家王见定指出，社会统计学描述的是变量，数理统计学描述的是随机变量，而变量和随机变量是两个既有区别又有联系，且在一定条件下可以相互转化的数学概念。

王见定的这一论述在数学上是一个巨大的发现。变量的概念是 17 世纪由著名数学家笛卡尔首先提出的，而随机变量的概念是 20 世纪 30 年代以后由苏联学者首先提出的，两个概念的提出时间相差3个世纪。但直至王见定，才有人提出变量和随机变量两者的联系、区别及相互的转化。变量的提出促进了一系列函数论、方程论、微积分等重大数学学科的产生和发展；而随机变量的提出则奠定了概率论和数理统计等学科的理论基础，促进了它们的蓬勃发展。可见，变量、随机变量概念的提出，价值何等重大，而王见定教授首次提出变量、随机变量的联系、区别及相应的转化，其意义也十分重大。

王见定指出，社会统计学描述的是变量，数理统计学描述的是随机变量，准确地界定了社会统计学与数理统计学各自研究的范围，以及在一定条件下可以相互转化的关系，这是对统计学的最大贡献。

由于变量不断地出现且永远地继续下去，因此社会统计学不仅不会消亡，而且会不断发展壮大。当然，数理统计学也会由于随机变量的不断出现而发展壮大。但是，对随机变量的研究一般来说比对变量的研究复杂得多，而且直至今天数理统计的研究尚处在较低的水平，使用起来也比较复杂。再从长远的研究来看，对随机变量的研究最终会逐步转化为对变量的研究，这与研究复杂问题转化为研究若干简单问题的道理是一样的。社会统计学描述的是变量，而变量描述的范围是极其宽广的，绝非某些数理统计学者所云：社会统计学只做简单的加、减、乘、除。

1.2 变量及其分类

1.2.1 变量与数据

一个企业的利润，这个月与上个月可能不同；一只股票的收盘价，今天与昨天不一样；学生的成绩，一个学生和另一个学生不一样；投掷一枚骰子所出现的点数，这次和下一次也不一样。这里的"企业的利润""股票的收盘价""学生的成绩""投掷一枚骰子出现的点数"就是变量（variable）。简而言之，变量是描述所观察对象某种特征的概念，其特点是从一次观察到下一次观察可能会出现不同的结果。变量的观测结果就是数据（data）。

1.2.2 变量的分类

根据观测结果的特征，变量可以分为类别变量和数值变量两大类。

类别变量（categorical variable）是取值为事物属性、类别、区间值的变量，也称定性变量（qualitative variable）。比如，观察人的籍贯、公司所属的行业、客户对服务满意度的评价，得到的结果就不是数字，而是事物的属性。比如，观测籍贯的结果是"广东""广西"等，公司所属的行业为"制造业""零售业""餐饮业"等，客户对服务满意度的评价为"很满意""满意""一般""不满意""很不满意"。人的籍贯、公司所属的行业、客户对服务满意度的评价等，其结果就不是数值，而是事物的属性或类别，所以三者都是类别变量。此外，将学生成绩分为60分以下、60~70分、70~80分、80~90分、90分以上5档，这里的"成绩档次"的取值也不是普通的数值，而是数值区间，这实际上是将数值转化成了类别。类别变量的观测结果称为类别数据（categorical data）或定性数据。类别变量根据取值是否有序分为无序类别变量和有序类别变量。无序类别变量也称名义值类别变量，其取值不可以排序。例如，"公司所属的行业"这一变量取值为"制造业""零售业""餐饮业"等，这些取值之间不存在顺序关系。再比如"商品的产地"这一变量的取值为"甲""乙""丙""丁"，这些取值之间也不存在顺序关系。有序类别变量也称顺序值类别变量，其取值区间可以排序。例如，"对服务满意度的评价"这一变量的取值为"很满意""满意""一般""不满意""很不满意"，这5个值之间是有序的。

数值变量（metric variable）是取值为数字的变量，也称定量变量（quantitative variable）。例如，"企业的利润""股票的收盘价""学生的成绩""投掷一枚骰子出现的点数"等变量的取值可以用数字来表示，都属于数值变量。数值变量的观察结果称为数值型数据（metric data）或定量数据。

数值变量根据其取值，可以分为离散变量（discrete variable）和连续变量（continuous variable）。离散变量是只能取有限个值的变量，其取值可以一一列举，如"公司数量""一个小区的居民户数""房屋楼层"等。连续变量是可以在一个或多个区间中取任何值的变量，它的取值是连续不断的，不能一一列举，如"年龄""身高""价格"等。当离散变量的取值很多时，也可以将其当作连续变量来处理。

由于数据是变量的观测结果，因此数据的基本分类与变量相同。此外，数据也可以从其他角度分类。比如，按照数据的收集方法可分为观测数据（observational data）和试验数据（experimental data）。观测数据是通过调查或观测收集到的数据，是在没有对事物进行人为控制的条件下得到的，有关社会经济现象的数据几乎都是观测数据。试验数据则是在试验中控制试验对象收集到的数据，比如，对一种新药疗效的试验数据等，对一种新的农作物品种的试验数据。自然科学领域的大多数数据是试验数据。按照描述的现象与时间的关系，可以将数据分为截面数据（cross-sectional data）和时间序列数据（time series data）。截面数据是在相同或近似相同的时间点上收集的数据，这类数据通常是在不同的空间获得的，用于描述现象在某一时刻的变化情况，如2018年我国各地区的GDP数据。时间序列数据是在不同时间收集到的数据，这类数据是按时间顺序收集的，用于描述现象随时间变化而变化的状况，如2001—2018年我国的GDP数据。

练习题

1. 一家研究机构从证券从业者中随机抽取500人作为样本进行调查，其中70%的人月收入在20 000元以上，90%的人消费支付方式是信用卡。
   (1) "月收入"是无序类别变量、有序类别变量还是数值变量？
   (2) "消费支付方式"是无序类别变量、有序类别变量还是数值变量？
2. 一项调查表明，消费者每月在网上购物的平均花费是800元，在网上购物的主要原因是"价格便宜"。
   (1) 这一研究的总体是什么？
   (2) "消费者在网上购物的原因"是无序类别变量、有序类别变量还是数值变量？
3. 指出下面的变量分别属于哪种类型。
   (1) 人的籍贯。
   (2) 获奖名次。

（3）商品的品牌。
（4）汽车年销售量。
（5）居民存款余额。
（6）家庭人口数。
4. 简述统计学的理论统一的重大意义。

第 2 章 数据收集

> **想一想**
> ◆要做统计分析，就必须有数据支撑，你一般从哪里获得数据？
> ◆关于"学习时间与考试成绩有关系吗"这个问题，你的回答是什么？怎样让人信服你的回答？
> ◆Excel 提供了多个统计计算函数，对今后的学习非常有用，你都会用吗？

数据是统计学分析的依据，获得既真实又有价值的数据非常重要。

2.1 数据来源

从使用者的角度看，数据的来源主要有两种：一是别人的调查或试验，属于间接来源；二是直接的调查和试验，属于直接来源。

2.1.1 数据的间接来源

对大多数使用者来说，亲自去做调查或试验往往不现实，所以需要引用他人调查或试验的数据，他人调查或试验的数据，对使用者来说就是二手数据。

二手数据主要是公开出版或公开报道的数据，主要来自研究机构、国家和地方的统计部门、其他管理部门、专业的调查机构等，广泛分布在报刊、图书、广播、电视传媒中。现在，随着计算机网络技术的发展，也可以在网络上获取所需的各种数据。比如，各种金融产品的交易数据、国家统计局官方网站的各种宏观经济数据等。利用二手数据对使用者来说既经济又方便，但使用时应注意统计数据的含义、计算口径和计算方法，避免误用或滥用。同时，在引用二手数据时，一定要注明数据的来源，以尊重他人的劳动成果。

2.1.2 数据的直接来源

数据的直接来源主要是调查、互联网或试验。比如，统计部门调查取得的数据，其他部门或机构为特定目的调查的数据，利用互联网收集的各类产品交易、生产和经营活动等大数据。试验是取得自然科学数据的直接来源。

已有的数据不能满足需要时，可以亲自去调查或试验。比如想了解全校学生的消费状况，可以从全校学生中抽出一个由 300 人组成的样本，通过对样本的调查获得数据。这里"全校学生消费状况"是总体（population），它是包含所研究的全部个体（数据）的集合。所抽取的 300 人就是一个样本（sample），它是从总体中抽取的一部分元素的集合。构成样本的元素的数目称为样本量（sample size），抽取 300 人组成一个样本，样本量就是 300。

怎样获得一个样本呢？要在全校学生中抽取 300 人组成一个样本，如果全校学生中每一个学生被抽中与否完全是随机的，而且每个学生被抽中的概率是已知的，这样的抽样方法称为概率抽样（probability sampling）。概率抽样方法有简单随机抽样、分层抽样、系统抽样、整群抽样等。

简单随机抽样（simple random sampling）是从含有 N 个元素的总体中，抽取 n 个元素组成一个样本，使总体中的每一个元素都有相同的机会（概率）被抽中。采用简单随机抽样时，如果抽取一个个体记录下数据后，再把这个个体放回到原来的总体中参加下一次抽选，称为有放回抽样（sampling with replacement）；如果抽中的个体不再放回，再从剩下的个体中抽取第二个元素，直到抽取 n 个个体为止，则称为无放回抽样（sampling without replacement）。当总体数量很大时，无放回抽样可以视为有放回抽样。由简单随机抽样得到的样本称为简单随机样本（simple random sample）。简单随机抽样是其他抽样方法的基础，多数统计推断是以简单随机样本为基础的。

分层抽样（stratified sampling）也称分类抽样，是在抽样之前先将总体的元素划分为若干层（类），然后从各层中抽取一定数量的元素组成一个样本。比如，要研究学生的生活费支出，可先将学生按地区进行分类，然后从各地区中抽取一定数量的学生组成一个样本。分层抽样的优点是可以使样本分布在各层，从而使样本在总体中的分布比较均匀，降低抽样误差。

系统抽样（systematic sampling）也称等距抽样，是先将总体各元素按某种顺序排列，并按某种规则确定一个随机起点，然后每隔一定的间隔抽取一个元素，直至抽取 n 个元素组成一个样本。比如，要从全校学生中抽取一个样本，可以找到全校学生的花名册，按花名册中的学生顺序，用随机数找到一个随机起点，然后依次抽取得到样本。

整群抽样（cluster sampling）是先将总体划分成若干群，然后以群为抽样单元从中抽取部分群组成一个样本，再对抽中的每个群中包含的所有元素进行观察。比如，可以把每一个学生宿舍看作一个群，在全校学生宿舍中抽取一定数量的宿舍，然后对抽中的宿舍中每一个学生进行调查。整群抽样的误差相对要大一些。

任何一种抽样方法都不是十全十美的，都存在不足之处。无论采用哪种概率抽样方法，都要结合具体的研究目的，务必使抽样误差最低。

2.2 数据产生

在 Excel 里，产生数据有两种方式：一种是用"插入函数"的方式得到数据；另一种是采用"数据分析"获得数据。接下来将介绍用"数据分析"获得数据的操作方法。

2.2.1 Excel"数据分析"工具的安装

Excel 提供了多个统计计算函数，包括各描述性统计量的计算函数、概率分布函数、估计和检验的函数等。此外，还提供了"数据分析"工具，其中包含多种基本统计方法。在使用之前，需要安装"数据分析"工具。2010 版 Office 的具体安装步骤如下（不同版本在安装步骤上略有差异）。

第一步，在 Excel 工作表界面中单击"文件"→"选项"。

第二步，在弹出的对话框中单击"加载项"标签，并在"加载项"选项卡下选择"分析工具库"文本选项，如图 2-1 所示。

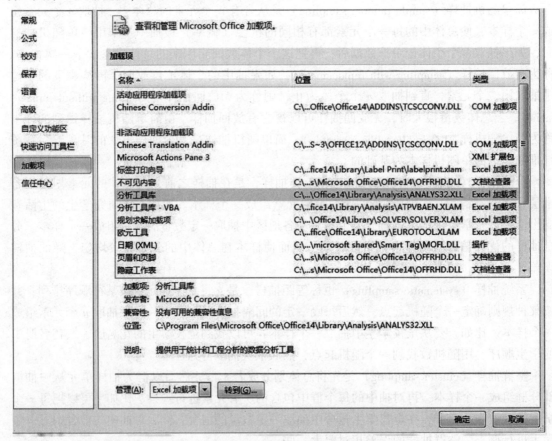

图 2-1 单击"加载项"→"分析工具库"

第三步，单击"转到(G)…"按钮，出现"加载宏"对话框，如图 2-2 所示。单击"确定"按钮，即可完成安装。

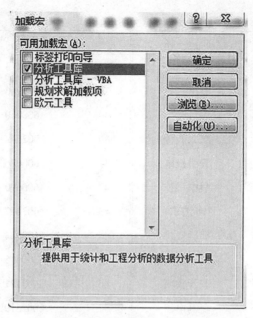

图 2-2 "加载宏"对话框

2.2.2 用 Excel 进行抽样

在实际应用中,抽取一个简单随机样本可以由 Excel 来完成。下面举例说明用 Excel 的 "数据分析"工具抽取随机样本的过程。为显示正确操作,本教材在正文中数值加千分空 (公式中除外) 在截图中不加千分空。

【例 2-1】 表 2-1 所示是 50 个家电上市公司的股票代码和股票名称。随机抽取 5 个上市公司组成一个样本。

表 2-1 50 个家电上市公司的股票代码和股票名称

序号	股票代码	公司名称	序号	股票代码	公司名称
1	600869	智慧能源	12	600336	澳柯玛
2	300210	森远股份	13	002705	新宝股份
3	603329	名臣健康	14	002050	三花智控
4	002543	万和电气	15	002508	老板电器
5	000801	四川九洲	16	600643	爱建集团
6	000100	TCL集团	17	600716	凤凰股份
7	002860	星帅尔	18	002681	奋达科技
8	002759	天际股份	19	603331	百达精工
9	300475	聚隆科技	20	002420	毅昌股份
10	002403	爱仕达	21	603868	飞科电器
11	000521	美菱电器	22	000921	海信科龙

续表

序号	股票代码	公司名称	序号	股票代码	公司名称
23	000333	美的集团	37	002723	金莱特
24	603366	日出东方	38	002916	深南电路
25	600854	春兰股份	39	600060	海信电器
26	002783	凯龙股份	40	002242	九阳股份
27	300342	天银机电	41	600036	招商银行
28	603685	晨丰科技	42	600690	青岛海尔
29	002032	苏泊尔	43	603677	奇精机械
30	002429	兆驰股份	44	600983	惠而浦
31	002677	浙江美大	45	300615	欣天科技
32	002616	长青集团	46	603121	华培动力
33	002668	奥马电器	47	002519	银河电子
34	600839	四川长虹	48	600539	狮头股份
35	002614	奥佳华	49	002260	德奥通航
36	603726	朗迪集团	50	002001	新和成

解：首先将50个公司的股票代码和股票名称录入 Excel 工作表中的一列，并对每只股票进行编号，如1，2，…，50；然后用 Excel "数据分析"中的"抽样"命令抽取随机样本。操作步骤如下。

第一步，在工作表中单击"数据"按钮，然后单击"数据分析"按钮。

第二步，在弹出的"数据分析"对话框中选择"抽样"文本选项。"数据分析"对话框如图2-3所示。

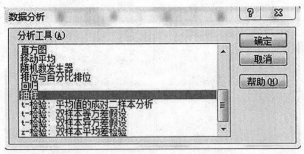

图2-3 "数据分析"对话框

第三步，单击"确定"按钮，然后在出现的"抽样"对话框的"输入区域(I)："文本框中输入代码区域（数值型数据直接输入数据区域），在"抽样方法"选项组中单击"随机(R)"单选按钮，在"样本数："文本框中输入需要抽样的样本量，在"输出区域(O)："文本框中选择抽样结果放置的区域。如图2-4所示。

第2章 数据收集

图 2-4 "抽样"对话框操作

第四步,单击"确定"按钮,即得到一个随机样本。按上述步骤得到的随机样本如表2-2 所示。

表 2-2 用"数据分析"工具抽取的一个随机样本

样本序号	股票代码	公司名称
43	603677	奇精机械
33	002668	奥马电器
22	000921	海信科龙
35	002614	奥佳华
5	000801	四川九洲

2.2.3 用 Excel 产生随机数

有时需要生成各种分布的随机数做模拟分析。用 Excel 提供的统计函数或"数据分析"工具中的"随机数发生器",可以产生一些常用分布的随机数。

1. 用"数据分析"产生随机数

利用"数据分析"工具可以产生多种随机数。比如,产生任意两个数之间均匀分布的随机数;产生均值为 μ、标准差为 σ 的正态分布的随机数,如果 $\mu = 0$,$\sigma = 1$,则产生标准正态分布的随机数;产生任意两个数之间的随机整数等。

【例 2-2】 用 Excel 的"数据分析"工具产生以下随机数。

(1) 均值为 100、标准差为 10 的正态分布的 15 个随机数。

(2) 1~100 均匀分布的两个变量的各 10 个随机数。

解:产生随机数的操作步骤如下所示。

(1) 产生正态分布随机数。

第一步,将光标放在任意空白单元格,然后单击"数据"按钮→"数据分析"按钮。

第二步,在弹出的对话框中选择"随机数发生器"选项,单击"确定"按钮。

第三步,在"变量个数(V):"文本框中输入所要产生随机变量的个数,比如,输入 1表示主要产生一个变量的随机数,输入 2 表示要产生两个变量的随机数,等等。在"随机数个数(B):"文本框中输入所要产生随机数的个数,本例为15。在"分布(D):"下拉列表框中选择所要产生随机数的分布,本例选择"正态"。在"参数"选项组下的"平均值(E)="文本框中输入正态分布的均值(默认为0),本例为100;在"标准偏差(S)="文本框中输入正态分布的标准差(默认为1),本例为10。在"输出选项"选项组中选择输出随机数的放置位置(默认为新工作表组),比如A1单元格。单击"确定"按钮,即可产生随机数。产生正态分布随机数的"随机数发生器"对话框操作如图2-5所示。

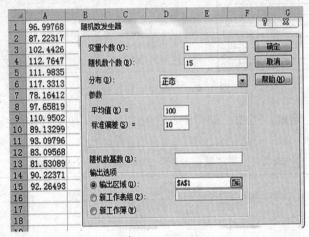

图2-5 产生正态分布随机数的"随机数发生器"对话框操作

(2) 产生均匀分布随机数。

在上面的第三步中,在"变量个数(V):"文本框中输入所要产生随机变量的个数,本例为2。在"随机数个数(B):"文本框中输入10。在"分布(D):"下拉列表框中选择"均匀"。在"参数"下的"介于(E)"文本框后输入1和100(默认为0与1)。在"输出选项"选项组下选择输出随机数的放置位置(默认为新工作表组),比如A1单元格。单击"确定"按钮,即可产生随机数。产生均匀分布随机数的"随机数发生器"对话框操作如图2-6所示。

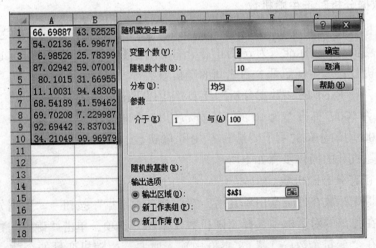

图2-6 产生均匀分布随机数的"随机数发生器"对话框操作

由于随机数是随机产生的,因此每次运行都会得到一组不同的随机数。

2. 用统计函数产生随机数

除了使用"随机数发生器"产生随机数外,使用 Excel 的"RAND"函数也可以产生 0~1 均匀分布的随机数,函数语法为"RAND()"。该函数没有参数,直接在工作表的任意单元格输入"RAND()"即可产生一个随机数。要得到多个随机数,向工作表的右下方复制即可。

此外,使用 Excel 的"RANDBETWEEN"函数可以产生任意两个指定数之间的随机整数。比如,要在 100~150 产生 10 个随机整数。操作步骤如下。

第一步,将光标放在任意空白单元格,然后单击"公式"按钮,单击插入函数"fx"按钮。

第二步,在"选择类别"下拉列表框中选择"全部"选项,并在"选择函数"列表框中单击"RANDBETWEEN"选项,单击"确定"按钮。

第三步,在"Bottom"文本框中输入指定的最小整数,本例为 100;在"Top"文本框中输入指定的最大整数,本例为 150;单击"确定"按钮,即可得到一个随机数。要得到多个随机数,向下或向右复制即可。"函数参数(RANDBETWEEN)"对话框操作如图 2-7 所示。

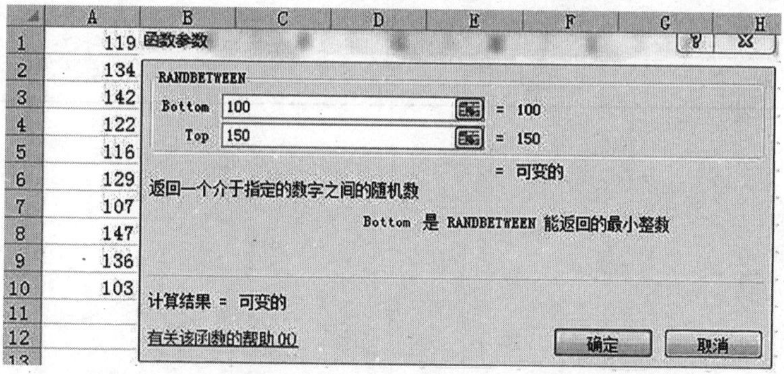

图 2-7 "函数参数(RANDBETWEEN)"对话框操作

当对 Excel 工作表的单元格进行计算或输入新数据时,使用函数生成的随机数也会随单元格的改变而改变。为了使随机数不随单元格的改变而改变,可以在编辑栏中输入函数,比如"=RAND()",保持编辑状态,然后按 F9,即可将公式永久性地改为随机数。

练习题

1. 某大学的经管学院为了解毕业生的就业倾向,分别在国贸专业抽取 50 人、市场营销专业抽取 30 人、企业管理专业抽取 20 人、电子商务专业抽取 40 人进行调查。
  (1) 这种抽样方式是分层抽样、系统抽样还是整群抽样?
  (2) 样本量是多少?
2. 从你所在的班级抽取 10 个学生组成一个随机样本。
3. 使用 Excel 产生以下随机数。
  (1) 均值为 0、标准差为 1 的 15 个标准正态分布的随机数。

(2) 均值为 50、标准差为 10 的 20 个正态分布的随机数。
(3) 1~1 000 的 150 个均匀分布的随机数。
(4) 在 1~100 产生 10 个随机整数。

4. 广东省 21 个城市名称如表 2-3 所示，请按随机原则抽取 5 个城市调查其经济状况。

表 2-3 广东省 21 个城市名称

序号	城市	序号	城市
1	广州	12	汕尾
2	深圳	13	江门
3	惠州	14	珠海
4	湛江	15	河源
5	中山	16	韶关
6	佛山	17	梅州
7	肇庆	18	揭阳
8	云浮	19	潮州
9	清远	20	茂名
10	东莞	21	阳江
11	汕头		

第 3 章

数据整理

> **想一想**
>
> ◆你在生活或学习中接触过数据吗？如果接触过，是什么数据？这些数据对你有用吗？
> ◆如果将 1 000 个家庭的调查问卷交给你处理，你首先会做什么？
> ◆如何将 1 000 份调查问卷数据汇总在一张表格里？
> ◆如果按收入高低将家庭分成高、中、低三类，你会怎么分？

在分析数据之前，通常需要对数据做必要的审核工作，然后根据需要将原始数据制成所需的表格。本章主要介绍数据的预处理和频数分步表的制作方法。

3.1 数据的预处理

数据的预处理是在数据分析前所做的必要处理，包括数据审核与验证，数据排序与筛选等。

3.1.1 数据审核与验证

1. 数据审核与录入

数据审核就是检查数据中是否有错误。对于通过调查取得的原始数据（raw data），主要从完整性和准确性两个方面去审核。完整性审核主要检查应调查个体是否有遗漏，所有的调查项目是否填写齐全等。准确性审核主要检查数据是否有错误，是否存在异常值等。对于异常值要仔细鉴别，如果异常值属于记录时的错误，在分析之前应予以纠正；如果异常值是一个正确的值，则应予以保留。

对于通过其他渠道取得的二手数据，应着重审核数据的适用性和时效性。二手数据可以来自多种渠道，有些数据可能是为特定目的通过专门调查取得的，或者是已经按特定目的做了加工整理。对于使用者来说，首先应弄清数据的来源、数据的口径及有关的背景材料，以便确定这些数据是否符合自己分析研究的需要，不能盲目生搬硬套。此外，还要对数据的时效性进行审核，对于时效性较强的问题，如果所取得的数据过于滞后，可能就失去了研究的意义。

数据经初步审核后，需要录入计算机来建立数据文件，以便进行分析。为避免录入过程中产生新的错误，可以对数据做一些条件限定，这就是数据验证。

2. 数据验证

为避免录入数据时出现错误，可在 Excel 表中要录入数据的区域限定录入的条件。当录入的数据不符合限定条件时将出现错误提示信息，以便及时修改。

假定要在 Excel 工作表的单元格区域 A1：B20 录入取值范围为 [0, 100] 的整数值，用 Excel 进行数据验证的步骤如下。

第一步，用鼠标在工作表中选定录入数据的单元格区域，此处为 A1：B20。

第二步，单击"数据"按钮，然后单击"数据有效性"按钮。

第三步，在"设置"下的"允许(A)："下拉列表框中选择要录入的数据类型，此处为"整数(D)："；在"数据"下拉列表框中选择"介于"；在"最小值(M)"文本框和"最大值(X)"文本框中输入数据范围。此处在"最小值(M)"文本框中输入 0，在"最大值(X)"文本框中输入 100。"数据有效性"对话框操作如图 3-1 所示。

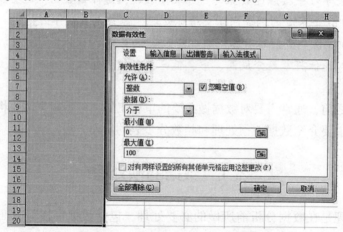

图 3-1 "数据有效性"对话框操作

第四步，单击"出错警告"按钮，在"式样"下拉列表框中选择"警告"，在"错误信息"文本框中输入警告信息，比如"NA"。然后单击"确定"按钮，即可完成设置。

完成上述设置后，在此区域中录入不符合验证条件的数据将会出现"出错警告"对话框。比如，在 A1 单元格录入 1 000，显示的错误信息如图 3-2 所示。

图 3-2 "出错警告"对话框

3.1.2 数据排序与筛选

在分析过程中，有时需要对数据进行排序，或者根据需要选择符合特定条件的数据进行分析。

1. 数据排序

数据排序是按一定顺序将数据进行排列。通过排序不仅可以大概了解数据的特征，还有助于对数据进行检查和纠错，以及为重新归类或分组等提供方便。在某些场合，排序本身就是分析的目的之一。比如，对十大房地产龙头企业、中国企业前500强等信息进行排序，有助于企业了解自己所处的位置，清楚自己与优秀企业的差距，还可以从侧面了解竞争对手的状况，从而制定有效的企业发展规划和战略目标。

对于类别数据，如果是字母型数据，排序有升序和降序之分，但习惯上更多地使用升序，因为升序与字母的自然排列相同；如果是汉字型数据，排序方式很多，比如按汉字的拼音首字母排列，这与字母型数据的排序完全一样，也可按笔画排序，按笔画多少有升序和降序之分。交替运用不同方式排序，在汉字型数据的检查纠错过程中十分有用。

对于数值数据的排序有两种，即升序和降序。设一组数据为 x_1，x_2，$\cdots$，x_n，升序可表示为 $x_1 < x_2 < \cdots < x_n$；降序可表示为 $x_n > x_{n-1} > \cdots > x_1$。

下面通过一个例子说明用 Excel 排序的步骤。

【例3-1】 在某市随机抽取40名被访者进行调查，得到性别、家庭所在地、月支出和月网上购物支出数据，如表3-1所示。对被访者月支出按升序排列。

表3-1 40名被访者的调查数据

性别	家庭所在地	月支出/元	月网上购物支出/元	性别	家庭所在地	月支出/元	月网上购物支出/元
男	中小城市	3 680	1 047	男	大城市	4 500	1 039
女	乡镇地区	3 000	1 010	女	大城市	3 000	1 116
男	中小城市	2 052	1 018	男	大城市	4 000	988
女	乡镇地区	2 500	907	女	中小城市	2 500	1 028
男	中小城市	3 200	990	男	大城市	3 300	950
男	乡镇地区	2 800	1 053	女	大城市	5 000	909
男	大城市	4 200	969	女	中小城市	2 500	983
女	中小城市	2 000	982	男	中小城市	2 800	961
女	大城市	2 089	1 012	女	乡镇地区	1 800	980
男	中小城市	2 086	1 050	男	大城市	5 000	978
男	大城市	1 932	1 012	男	大城市	4 000	1 103
女	乡镇地区	3 300	1 027	女	乡镇地区	2 500	1 021
男	乡镇地区	3 000	1 002	男	大城市	4 400	955
男	大城市	4 800	987	女	中小城市	3 300	1 044

续表

性别	家庭所在地	月支出/元	月网上购物支出/元	性别	家庭所在地	月支出/元	月网上购物支出/元
女	乡镇地区	4 000	1 011	女	中小城市	2 000	1 050
男	乡镇地区	3 650	962	男	乡镇地区	2 800	961
男	乡镇地区	4 500	977	男	中小城市	2 500	940
男	中小城市	4 800	985	男	大城市	3 000	946
男	大城市	5 000	1 002	男	中小城市	4 400	1 091
女	中小城市	2 000	983	女	大城市	3 300	1 009

解：排序的具体步骤如下。

第一步，将光标放在数据区域的任意单元格，单击“数据”按钮，然后单击“排序”按钮，出现的“排序”对话框如图 3-3 所示。

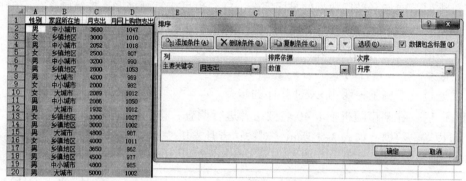

图 3-3　“排序”对话框

第二步，在“主要关键字”下拉列表框中选择要排序的变量，本例为“月支出”；在“排序依据”下拉列表框中选择“数值”，在“次序”下拉列表框中选择“升序”。然后单击“确定”按钮（如果要按家庭所在地排序，单击“选项”按钮，在“方法”选项组中选中“字母排序”或“笔画排序”单选按钮）。排序结果（部分）如图 3-4 所示。

	A	B	C	D
1	性别	家庭所在地	月支出	月网上购物支出
2	女	乡镇地区	1800	980
3	男	大城市	1932	1012
4	女	中小城市	2000	982
5	女	中小城市	2000	983
6	女	中小城市	2000	1050
7	男	中小城市	2052	1018
8	男	中小城市	2086	1050
9	女	大城市	2089	1012
10	女	乡镇地区	2500	907
11	女	中小城市	2500	1028
12	女	中小城市	2500	983
13	女	乡镇地区	2500	1021
14	男	中小城市	2500	940
15	男	乡镇地区	2800	1053
16	男	中小城市	2800	961
17	男	乡镇地区	2800	961
18	女	乡镇地区	3000	1010
19	男	乡镇地区	3000	1002
20	女	大城市	3000	1116
21	…	…	…	…

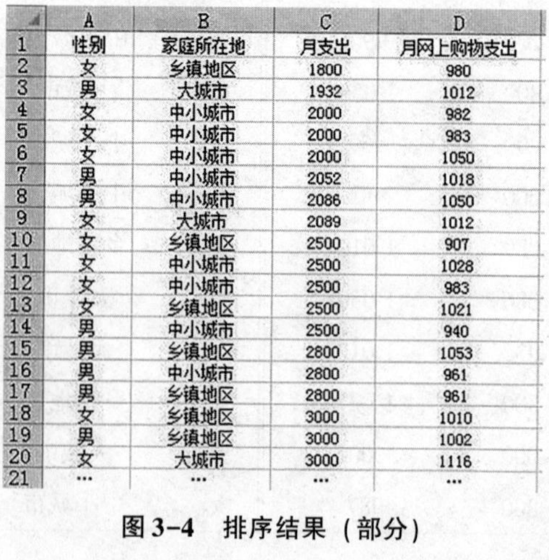

图 3-4　排序结果（部分）

2. 数据筛选

数据筛选（data filter）是根据需要找出符合特定条件的某类数据。比如，找出每股盈利在 2 元以上的上市公司，找出考试成绩在 90 分以上的学生，等等。下面通过一个简单的例子说明用 Excel 进行数据筛选的过程。

【例 3-2】 沿用"例 3-1"的数据。

（1）筛选月支出大于等于 3 000 元的被访者。

（2）筛选性别为男、家庭所在地为大城市、月支出大于 4 000 元、月网上购物支出大于 1 000 元的所有被访者。

解：筛选的具体步骤如下所示。

（1）筛选月支出大于等于 3 000 元的被访者。

第一步，将光标放在数据区域的任意单元格，单击"数据"按钮，然后单击"筛选"按钮。这时会在每个变量名中出现下拉箭头。

第二步，单击要筛选的变量的下拉箭头，即可对该变量进行筛选。本例筛选出月支出大于等于 3 000 元的被访者，单击"月支出"变量的下拉箭头，其窗口如图 3-5 所示。

图 3-5 单击"月支出"的 Excel 窗口

第三步，在"月支出"下拉列表框中选择"大于或等于"，并在后面的文本框内输入 3 000，如图 3-6 所示。

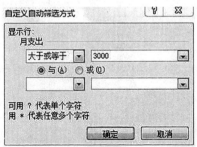

图 3-6 "自定义自动筛选方式"对话框操作

第四步，单击“确定”按钮。筛选出的月支出大于 3 000 元的被访者如图 3-7 所示。

	A	B	C	D
1	性别	家庭所在地	月支出	月网上购物支
2	男	中小城市	3680	1047
3	女	乡镇地区	3000	1010
6	男	中小城市	3200	990
8	男	大城市	4200	969
13	女	乡镇地区	3300	1027
14	男	乡镇地区	3000	1002
15	男	大城市	4800	987
16	女	乡镇地区	4000	1011
17	男	乡镇地区	3650	962
18	男	乡镇地区	4500	977
19	男	中小城市	4800	985
20	男	大城市	5000	1002
22	男	大城市	4500	1039
23	女	大城市	3000	1116
24	女	大城市	4000	988
26	男	中小城市	3300	950
27	女	大城市	5000	909
31	女	大城市	5000	978
32	女	大城市	4000	1103
34	男	大城市	4400	955
35	女	中小城市	3300	1044
39	男	大城市	3000	946
40	男	中小城市	4400	1091
41	女	大城市	3300	1009

图 3-7　筛选出的月支出大于 3 000 元的被访者

（2）筛选出性别为男、家庭所在地为大城市、月支出大于 4 000 元、月网上购物支出大于 1 000 元的所有被访者。

由于对每个变量都设定了不同的条件，因此需要使用“高级筛选”命令，具体步骤如下。

第一步，在工作表的上方插入 3 个空行，将数据表的第一行（变量名）复制到第一个空行；在第二个空行的每个变量名下依次输入筛选的条件：男、大城市、>4 000、>1 000。

第二步，单击“数据”按钮，然后单击“高级”按钮。在出现的“高级筛选”对话框中的“列表区域(L)：”文本框中输入要筛选的数据区域，在“条件区域(C)：”文本框中输入要筛选的区域。“高级筛选”对话框操作如图 3-8 所示。

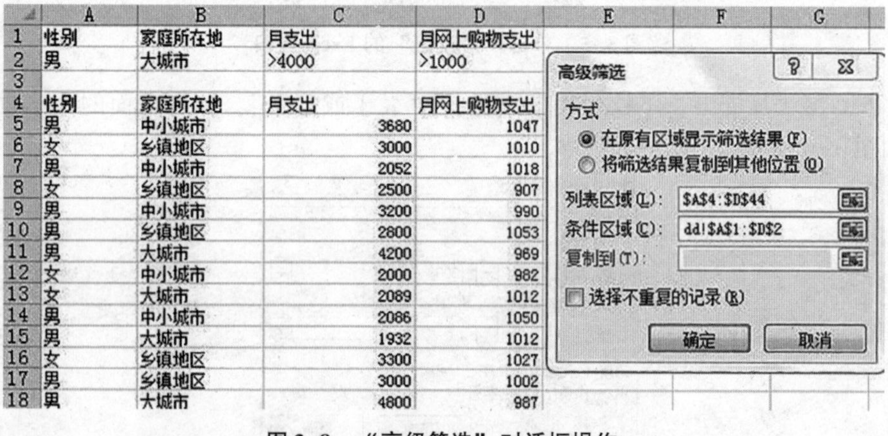

	A	B	C	D
1	性别	家庭所在地	月支出	月网上购物支出
2	男	大城市	>4000	>1000
3				
4	性别	家庭所在地	月支出	月网上购物支出
5	男	中小城市	3680	1047
6	女	乡镇地区	3000	1010
7	男	中小城市	2052	1018
8	女	乡镇地区	2500	907
9	男	中小城市	3200	990
10	男	乡镇地区	2800	1053
11	男	大城市	4200	969
12	女	中小城市	2000	982
13	女	大城市	2089	1012
14	男	中小城市	2086	1050
15	男	大城市	1932	1012
16	女	乡镇地区	3300	1027
17	男	乡镇地区	3000	1002
18	男	大城市	4800	987

图 3-8　“高级筛选”对话框操作

第三步，单击"确定"按钮。筛选结果如图3-9所示。

	A	B	C	D
1	性别	家庭所在地	月支出	月网上购物支出
2	男	大城市	>4000	>1000
3				
4	性别	家庭所在地	月支出	月网上购物支出
23	男	大城市	5000	1002
25	男	大城市	4500	1039

图3-9 筛选结果

3.2 类别数据的整理

除了对数据进行排序和筛选外，频数分布表也是观察数据特征的有效手段之一。频数分布（frequency distribution）是变量的取值及其相应的频数形成的分布。将变量的各个取值及其相应频数用表格的形式展示出来就是频数分布表（frequency distribution table）。由于类别数据本身就是对事物的一种分类，因此只要先把所有的类别都列出来，然后计算出每一类别的频数，即可生成一张频数分布表。频数分布表中落在某一特定类别的数据个数称为频数（frequency）。根据观察变量的多少，可以生成简单频数分布表、二维列联表和多维列联表等。

类别数据的整理

3.2.1 简单频数分布表

只涉及一个类别变量时，这个变量的各类别（取值）可以放在频数分布表中"行"的位置，也可以放在"列"的位置，将该变量的各类别及其相应的频数列出来就是一个简单的频数分布表，也称一维列联表。用频数分布表可以观察不同类型数据的分布特征。比如，通过不同品牌产品销售量的分布，可以了解其市场占有率；通过一所大学不同学院学生人数的分布，可以了解该大学的学生构成；通过社会中不同收入阶层的人数分布，可以了解收入的分布状况，等等。下面通过一个例子说明简单频数分布表的生成过程。

【例3-3】沿用"例3-1"的数据。分别制作被访者性别和家庭所在地的简单频数分布表。

解：这里涉及两个类别变量，即被访者的性别和家庭所在地。对每个变量生成一个简单频数分布表，分别观察40名被访者的性别和家庭所在地的分布状况。具体操作步骤如下。

第一步，单击"插入"按钮，然后单击"数据透视表"按钮。

第二步，在"表/区域"中选定数据区域（在操作前将光标放在任意数据单元格内，系统会自动选定数据区域）。选择放置数据透视表的位置时，系统默认是新工作表，如果要将透视表放在现有工作表中，选择"现有工作表"单选按钮，并在"位置"中单击工作表的任意单元格（不要覆盖数据）。单击"确定"按钮，插入"数据透视表选项"的Excel窗口如图3-10所示。

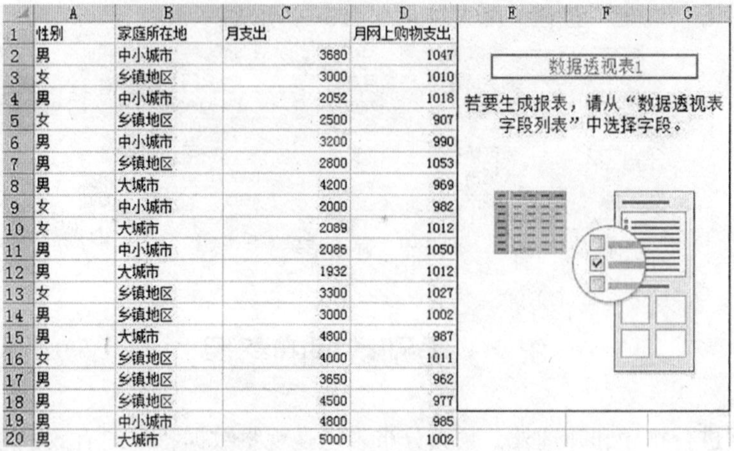

图 3-10 插入"数据透视表选项"的 Excel 窗口

第三步，用鼠标右键单击数据透视表，选择"数据透视表选项"文本选项，在弹出的对话框中单击"显示"按钮，并选中"经典数据透视表布局"复选按钮，单击"确定"按钮。时此显示的 Excel 窗口如图 3-11 所示。

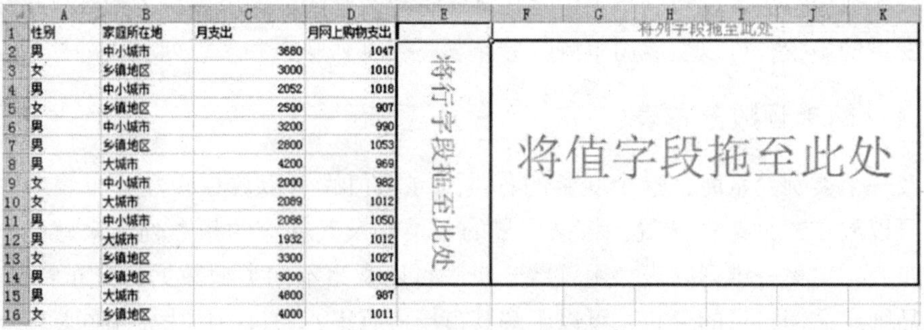

图 3-11 "数据透视表"窗口

第四步，将数据透视的一个字段拖至"行"的位置，将另一个字段拖至"列"的位置（行列可以互换），再将要计数的变量拖至"值字段"位置，即可生成需要的频数分布表。

按以上步骤生成的被访者性别频数分布如图 3-12 所示，被访者家庭所在地的频数分布如图 3-13 所示。

计数项:性别	
性别	汇总
男	21
女	19
总计	40

图 3-12 被访者性别频数分布

计数项:家庭所在地	
家庭所在地	汇总
大城市	14
乡镇地区	11
中小城市	15
总计	40

图 3-13 被访者家庭所在地的频数分布

图 3-12 和图 3-13 的结果显示，在所调查的 40 名被访者中，男性为 21 人，女性为 19 人。从家庭所在地看，来自中小城市的被访者人数最多，为 15 人；来自大城市的人数次之，为 14 人，来自乡镇地区的人数最少，为 11 人。

3.2.2 二维列联表

涉及两个类别变量时，通常将一个变量的各类别放在"行"的位置，另一个变量的各类别放在"列"的位置（行和列可以互换），由两个类别变量交叉分类形成的频数分布表称为二维列联表（contingency table），也称交叉表（cross table）。例如，对于"例 3-1"的性别和家族所在地两个变量，可以将家庭所在地放在行的位置，将性别放在列的位置，制作一个二维列联表。按以上步骤得到的被访者性别和家庭所在地的二维列联表如图 3-14 所示。

计数项:家庭所在地	性别		
家庭所在地	男	女	总计
大城市	7	7	14
乡镇地区	5	6	11
中小城市	9	6	15
总计	21	19	40

图 3-14 被访者性别和家庭所在地的二维列联表

图 3-14 的结果显示，将性别与家族所在地结合分析，在所调查的 40 名被访者中，男性略比女性多，主要是由于中小城市男性人数为 9 人，女性为 6 人；而乡镇地区男性比女性少 1 人；大城市中男女人数相同，均为 7 人。

3.2.3 类别数据的简单分析

如果一个数据集中除了类别变量还有数值变量，比如，表 3-1 中除了性别和家庭所在地两个类别变量，还有月支出和月网上购物支出两个数值变量，可以利用 Excel 的数据透视表功能，对数值变量按类别变量的取值做分类汇总。在之前所示的操作步骤中，只需要将数值变量拖至"值字段"位置，即可生成分类汇总表。在"例 3-1"中，按性别和家庭所在地分类汇总的被访者月支出如图 3-15 所示。按性别和家庭所在地分类汇总的被访者月网上购物支出如图 3-16 所示。

求和项:月支出	性别		
家庭所在地	男	女	总计
大城市	27832	26389	54221
乡镇地区	16750	17100	33850
中小城市	28818	14300	43118
总计	73400	57789	131189

图 3-15 按性别和家庭所在地分类汇总的被访者月支出

求和项:月网上购物支出	性别		
家庭所在地	男	女	总计
大城市	6910	7115	14025
乡镇地区	4955	5956	10911
中小城市	9032	6070	15102
总计	20897	19141	40038

图 3-16 按性别和家庭所在地分类汇总的被访者月网上购物支出

此外，对应类别数据的频数分布表还可以使用比例（proportion）、百分比（percentage）、比率（ratio）等统计量进行描述。如果是有序类别数据，还可以通过计算累积百分比（cumulative percent）进行分析。

比例也称构成比，是一个样本（或总体）中各类别频数与全部频数之比，通常用于反映样本（或总体）的构成或结构。将比例乘以100%得到的数值称为百分比，用%表示。比率是样本（或总体）中不同类别频数之间的比值，反映各类别之间的比较关系。由于比率不是部分与整体之间的对比关系，因而比值可能大于1。累积百分比则是将各有序类别的百分比逐级累加的结果。

例如，根据图3-14的数据计算的被访者性别和家庭所在地构成的百分比如表3-2所示。

表3-2 被访者性别和家庭所在地构成的百分比

家庭所在地	男		女		总计	
	人数	百分比	人数	百分比	人数	百分比
大城市	7	33.33%	7	36.84%	14	35.00%
乡镇地区	5	23.81%	6	31.58%	11	27.50%
中小城市	9	42.86%	6	31.58%	15	37.50%
总计	21	100.00%	19	100.00%	40	100.00%

表3-2的结果显示，在所调查的40名被访者中，大城市的人数占35.00%，乡镇地区的人数占27.50%，中小城市的人数占37.50%。在男性中，中小城市人数最多，占男性总人数的42.86%；而在女性中，各地人数差异不明显，大城市人数略多一点，占女性总人数的36.84%。

3.3 数值数据的整理

生成数值数据的频数分布表时，主要采用的是组距式分组的方法。具体来说，就是将原始数据分成不同的组别。比如，将一个班学生的考试分数分成60分以下、60~70分、70~80分、80~90分、90~100分5个区间，然后统计出各组别的数据频数，即可生成频数分布表。

数值数据的整理

3.3.1 数据分组

数据分组是组距式分组的关键，先将数据按照一定的间距划分成若干区间，然后统计出每个区间的频数，生成频数分布表。下面结合具体例子说明数据分组过程。

【例3-4】 为分析滴滴打车车主收入情况，随机抽取150个滴滴车主进行调查，得到他们某一天的收入数据，如表3-3所示。对日收入做适当分组，分析日收入的分布特征。

表3-3 150个滴滴车主某一天的收入　　　　　　　　　　　　　　　　单位：元

某滴滴车主某一天的收入									
199	373	226	242	412	363	493	287	524	506
144	390	495	245	235	498	409	395	519	526
234	430	330	226	390	471	596	458	550	533
231	466	225	260	264	556	514	393	282	480

续表

某滴滴车主某一天的收入									
237	299	306	249	341	348	515	496	306	443
117	518	234	367	281	289	513	534	504	441
518	270	272	235	182	649	663	539	501	369
255	288	355	426	179	464	542	429	450	560
316	452	131	311	176	429	320	555	533	457
466	214	408	396	372	411	471	569	446	610
201	374	189	282	540	407	431	440	399	335
230	247	267	245	513	468	471	539	474	377
137	277	312	183	461	513	397	498	473	538
408	240	380	153	320	472	483	527	399	380
381	415	300	194	527	473	523	543	778	407

解：数据分组的步骤大致如下。

第一步，确定组数。组数的多少与数据本身的特点及数据的多少有关。一般而言，一组数据所分的组数大致等于样本量的平方根。设组数为 K，则 $K \approx \sqrt{n}$。当然，这只是个大概数，具体的组数可根据需要做适当调整。本例共有 150 个数据，组数 $K \approx \sqrt{150} \approx 12.25$，为便于理解，这里可分为 10 组。

第二步，确定各组的组距。组距可根据全部数据的最大值和最小值及所分的组数来确定，即组距=（最大值-最小值）÷组数。本例数据中最大值为 778，最小值为 117，则组距=（778-117）÷10=66.1。为便于计算，组距宜取便于理解的整数，一般取 5 或 10 的倍数，因此组距可取 65。

第三步，确定各组界限。组距式分组有开口式分组和闭口式分组两种。开口式分组，即在所分各组里，有的组是"某个组以上"或"某个组以下"的形式。闭口式分组，即所分的各组均有两个界限。每个组的最小值称为下限，最大值称为上限。分组时通常是将每组的上限与下一组的下限重叠，防止遗漏数据。而且第一组的下限值应低于最小数值，最后一组上限值应高于最大数值。因此，本例的第一组下限值确定为 115，而最后一组设置为开口组。

第四步，统计出各组的频数，即为频数分布表。由于在分组时，相邻组的组限重叠，因此会导致数据重复计算。因此，在统计各组频数时，恰好等于某一组上限的变量值一般不算在本组内，而是计算在下一组，即一个组的数值 x 满足 $a \leqslant x < b$，这便是上限不在内原则。

3.3.2 用 Excel 制作频数分布表

了解分组的过程后，就可以使用 Excel 制作频数分布表。

【例 3-5】 沿用"例 3-4"的数据。要求用 Excel 制作频数分布表。

解：用 Excel "数据分析"工具中的"直方图"命令可生成数值数据的频数分布表。但需要注意的是，用 Excel 制作频数分布表时，每一组的频数包括一个组的上限值，即 $a<x\leq b$。因此，需要输入一列比上限值小的数作为“接收区域”。就“例 3-4”而言，分别输入 179、244、309、374、439、504、569、634、699、778 作为“接收区域”，然后按下列步骤操作。

第一步，选择“数据”→“数据分析”→“直方图”，单击“确定”按钮。

第二步，在“输入区域(I)：”文本框中输入原始数据所在的区域；在“接收区域(B)：”文本框中输入上限值所在的区域；在“输出区域(O)：”文本框中输入结果输出的位置；选择“图表输出(C)”复选按钮。“直方图”对话框操作如图 3-17 所示。

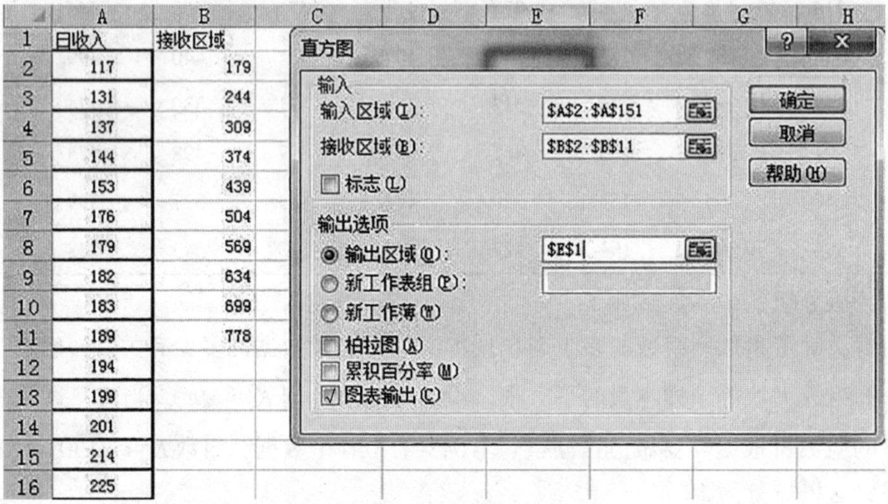

图 3-17 “直方图”对话框操作

第三步，单击“确定”按钮，即可得到最终频数分布，如图 3-18 所示。

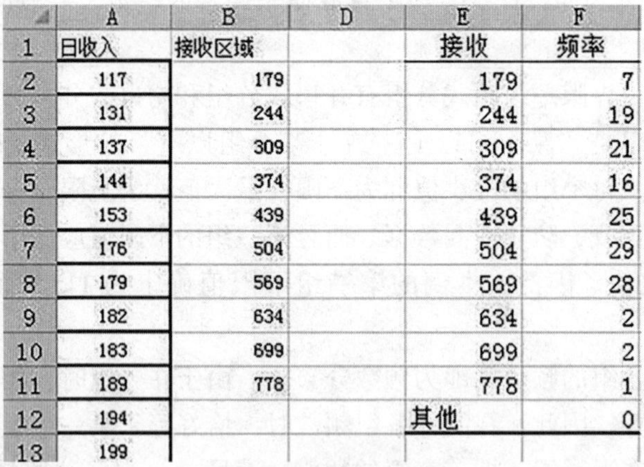

	A	B	D	E	F
1	日收入	接收区域		接收	频率
2	117	179		179	7
3	131	244		244	19
4	137	309		309	21
5	144	374		374	16
6	153	439		439	25
7	176	504		504	29
8	179	569		569	28
9	182	634		634	2
10	183	699		699	2
11	189	778		778	1
12	194			其他	0
13	199				

图 3-18 最终频数分布

通过 Excel 生成的频数分布表可看出分组不太合理，不符合正态分布，因而需要进行适当的整理，比如，将“接收”修改为“日收入分组”，将各组别依次修改为 115～180、180～245、245～310、310～440、440～505、505～570、570 以上，将“其他”修改为“合计”，将“频率”修改为“人数”。若发现频数分布不是近似正态分布，则须将若干组进行合并处理（本例如此），并计算出频率，同时求出合计数。150 位滴滴车主某天收入的频数分布如表 3-4 所示。

表 3-4　150 位滴滴车主某天收入的频数分布

日收入/元	人数/人	频率/(%)
115～180	7	4.67
180～245	19	12.67
245～310	21	14.00
310～440	41	27.33
440～505	29	19.33
505～570	28	18.67
570 以上	5	3.33
合计	150	100.00

表 3-4 的结果显示，日收入主要集中在 310～440 元，共有 41 人，占总人数的 27.33%。

练习题

1. 随机抽取 10 名学生，其 5 门课程的考试分数如图 3-5 所示。

表 3-5　10 名学生 5 门课程的考试分数

姓名	统计学	经济学	营销学	管理学	会计学
张某	87	93	65	75	67
王某	65	86	88	88	85
陈某	70	72	63	82	70
李某	85	98	47	72	65
刘某	60	80	87	79	81
高某	77	86	52	61	61
沈某	89	76	59	73	67
杨某	82	100	54	74	72
冯某	57	53	78	92	86
钱某	62	68	93	84	83

（1）对学生姓名分别按笔画和拼音字母排序。

（2）筛选出统计学分数小于 70 分的学生和经济学分数大于等于 80 分的学生。

2. 为评价旅游业的服务质量，随机抽取 60 名顾客进行调查，得到的满意度回答如表 3-6 所示。

图 3-6 60 名顾客的旅游业服务质量满意度评价

性别	满意度	性别	满意度	性别	满意度
女	不满意	女	一般	女	比较满意
男	非常满意	男	不满意	男	比较满意
男	非常满意	女	非常满意	男	比较满意
女	比较满意	男	比较满意	男	一般
男	比较满意	男	非常不满意	女	不满意
女	一般	男	非常不满意	男	不满意
男	一般	男	一般	女	一般
女	不满意	男	非常不满意	男	比较满意
女	非常不满意	女	非常不满意	女	比较满意
女	非常满意	女	比较满意	男	比较满意
男	一般	男	不满意	女	非常不满意
男	比较满意	女	比较满意	女	不满意
女	一般	女	非常不满意	女	一般
女	一般	男	比较满意	男	不满意
女	非常不满意	男	一般	男	比较满意
女	不满意	男	非常满意	女	一般
男	非常满意	男	非常不满意	女	比较满意
女	不满意	女	一般	女	不满意
男	比较满意	女	比较满意	男	不满意
女	非常满意	男	非常满意	女	非常满意

（1）分别制作被调查者性别和满意度的简单频数分布表。

（2）制作被调查者性别和满意度的二维列联表。

（3）对二维列联表进行简单分析。

3. 为确定某款玩具的使用寿命，从一批次玩具中随机抽取 100 只进行测试，得到的使用寿命数据如表 3-7 所示。

表 3-7 某一批次 100 只玩具使用寿命   单位：小时

玩具使用寿命									
700	716	728	719	685	709	691	684	705	718
706	715	712	722	691	708	690	692	707	701
708	729	694	681	695	685	706	661	735	665
668	710	693	697	674	658	698	666	696	698
706	692	691	747	699	682	698	700	710	722
694	690	736	689	696	651	673	749	708	727

续表

玩具使用寿命									
688	689	683	685	702	741	698	713	676	702
701	671	718	707	683	717	733	712	683	692
693	697	664	681	721	720	677	679	695	691
713	699	725	726	704	729	703	696	717	688

根据上面的数据进行适当的分组，制作频数分布表，分析数据分布的特征。

4. 40 名学生每周的学习时间如表 3-8 所示。

表 3-8　40 名学生每周的学习时间　　　　　　　　　单位：小时

40 名学生每周的学习时间							
40	47	33	31	37	36	44	40
45	38	35	42	27	39	45	44
38	50	36	33	37	38	43	45
40	38	40	38	30	31	39	46
25	35	30	36	46	48	2	35

根据上面的数据进行适当的分组，制作频数分布表，分析数据分布的特征。

第4章

数据的可视化

> **想一想**
>
> ◆你会选择看一个微商一个月每天的销售额数据表，还是看利用这些数据所做的统计图？
>
> ◆将上市公司按行业分成餐饮业、家电业、IT业、其他行业四类，观察不同行业上市公司的数量，你认为应该选择何种统计图？如果要观察不同行业上市公司的构成，你认为应该用什么样的图？
>
> ◆要反映一个地区的家庭可支配收入分布状况，应使用什么图形？
>
> ◆要反映年龄和身高的关系，应该使用什么图形？
>
> ◆要比较两个上市公司的销售额、利润总额、净资产、负债4个指标的差异和相似性，应使用什么图形？

在对数据进行描述性分析时，通常会用各种图形来展示数据。一张好的统计图表往往胜过冗长的文字表述。比如，要想描述学生成绩，可画出直方图来观察其分布状况；也可绘出各年国家财政收入的时间序列图，来观察其变换趋势，等等。将数据用图形展示出来就是数据的可视化（visualization）。本章主要介绍类别数据和数值数据的可视化方法。

4.1 类别数据的可视化

适用于类别数据的图形主要有条形图、饼图等。如果有两个或两个以上样本的分类相同且问题可比，还可以绘制环形图。

4.1.1 条形图

条形图（bar chart）是用宽度相同的条形来表示各类别频数的图形，用于观察不同类别频数的多少或分布状况。绘制时，各类别可以放在横轴，也可以放在纵轴，将各类别放在横轴绘制的条形图也称柱形图（column chart）。根据绘制变量的多少，条形图有简单条形图和复式条形图等不同形式。

1. **简单条形图**

简单条形图是根据一个类别变量绘制的，描述该变量各类别频数分布状况的图形。类别可以放在横轴，也可以放在纵轴。下面用一个例子说明条形图的绘制及解读。

【例 4-1】 为研究不同地区的消费者对某品牌手机的满意度，随机抽取东部、中部和西部的 500 个消费者进行调查，得到的结果如表 4-1 所示。绘制条形图，分析各类别的人数分布状况。

表 4-1　500 个消费者的调查数据

满意度	东部	西部	中部	总计
比较满意	35	26	33	94
不满意	27	39	35	101
非常不满意	29	39	27	95
非常满意	27	39	30	96
一般	37	37	40	114
总计	155	180	165	500

解：这里涉及两个类别变量，即地区和满意度。可以对不同地区和不同满意度的人数分布绘制简单条形图。为节省篇幅，此处只绘制不同满意度和不同地区总人数的两个条形图。不同满意度总人数分布的简单条形图如图 4-1 所示，不同地区总人数分布的简单条形图如图 4-2 所示。

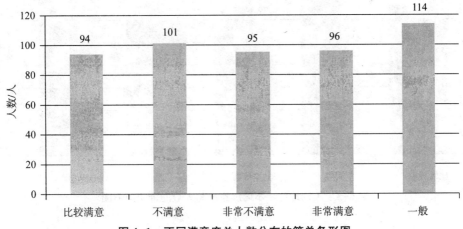

图 4-1　不同满意度总人数分布的简单条形图

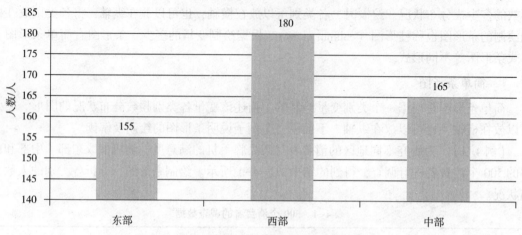

图 4-2 不同地区总人数分布的简单条形图

2. 复式条形图

根据"例 4-1"的数据可以绘制多个简单条形图。但简单条形图只给出一个变量的信息，不便于比较。如果将多个变量的各类别绘制在一张图里，不仅节省空间，而且便于比较。复式条形图是根据两个类别变量绘制的条形图。由于绘制方式不同，复式条形图有堆积条形图、堆砌条形图、百分比条形图等不同形式。图 4-3、图 4-4 和图 4-5 是根据"例 4-1"的数据绘制的不同形式的复式条形图。

图 4-3 所示为堆积条形图，每一个满意度选项中的不同条表示不同的地区，条的高度表示人数的多少。

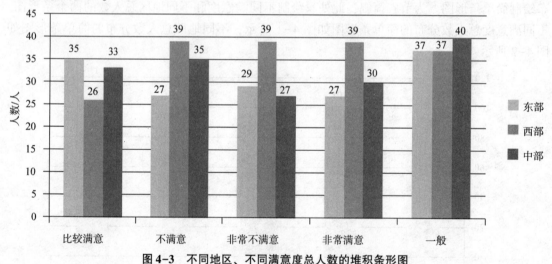

图 4-3 不同地区、不同满意度总人数的堆积条形图

图 4-4 所示为堆砌条形图，每个条的高度表示不同满意度选项的频数，条中所堆砌的矩形大小与不同地区的人数成比例。

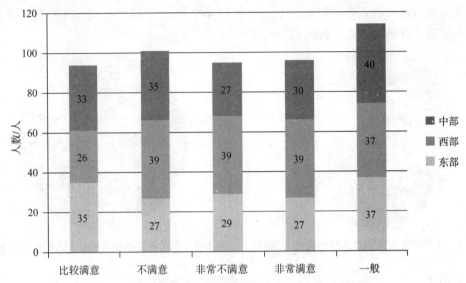

图 4-4　不同地区、不同满意度总人数的堆砌条形图

图 4-5 所示为百分比堆砌条形图，每个条的高度均为 100%，条内矩形的大小取决于各地区人数所占的百分比。

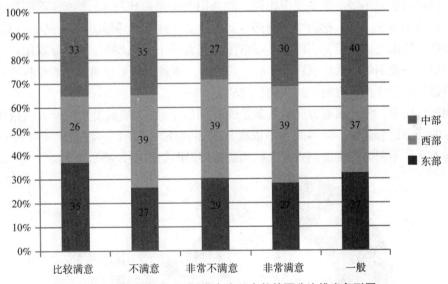

图 4-5　不同地区、不同满意度总人数的百分比堆砌条形图

4.1.2　饼图和环形图

展示样本（或总体）中各部分的频数占总频数比例的图形主要有饼图和环形图。

1. 饼图

条形图主要用于展示各类别频数多少的绝对值，要想观察各类别频数占所有类别频数的百分比，则需要绘制饼图（pie chart）。饼图是用圆形及圆内扇形来表示一个样本（或总体）

中各类别频数占总频数比例的图形，对于研究结构性问题十分有用。

例如，根据表 4-1 中的数据可以绘制多个饼图，反映不同地区被调查者人数的构成，或不同满意度被调查者人数的构成。图 4-6 和图 4-7 所示分别是不同地区被调查者人数的构成和不同满意度被调查者人数的构成的饼图。

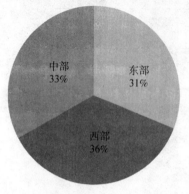

图 4-6 不同地区被调查者人数的构成（饼图）　　图 4-7 不同满意度被调查者人数的构成（饼图）

2. 环形图

饼图只能显示一个样本各类别频数所占的比例。比如，把 10 个地区的人口分别按高收入、中等收入和低收入划分成三组，要比较 10 个地区不同收入的人口构成，则需要绘制 10 个饼图，这种做法既不经济也不便于比较。能否用一个图形比较 10 个地区不同收入的人口构成呢？把饼图叠在一起，挖去中间的部分就可以了，这就是环形图（doughnut chart）。

环形图与饼图类似，但又有区别。环形图中间有一个"空洞"，每个样本用一个环来表示，样本中每一类别的频数构成用环中的一段表示。因此，环形图可显示多个样本各类别频数占相应总频数的比例，有利于构成的比较研究。

绘制环形图时，先向圆心方向画一条垂线（圆的半径），然后沿顺时针方向依次画出各类别所占的百分比。其中，样本的顺序依次从内环到外环。比如，根据表 4-1 中的数据绘制的不同地区、不同满意度被调查者人数构成的环形图如图 4-8 所示。

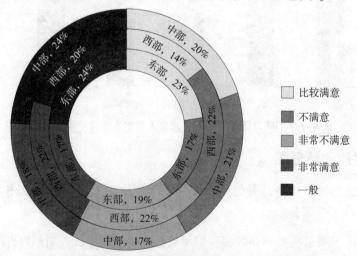

图 4-8 不同地区、不同满意度被调查者人数构成的环形图

图 4-8 显示了 3 个地区不同满意度被调查者人数的构成。显然，一个环形图比 3 个饼图更易于比较。

4.2 数值数据的可视化

展示数值数据的图形有多种。对于只有一个样本或一个变量的数值数据，主要是用直方图展示其分布的特征，比如，分布的形状是否对称、是否存在长尾等；对于一个样本多个变量的数据，主要是用散点图观察变量之间的关系；对于多个样本和多个变量的数据，主要是用雷达图、轮廓图对各样本分布的特征或相似性进行比较。

4.2.1 直方图

展示数据分布的图形主要有直方图（histogram）、茎叶图（stem-and-leaf plot）和箱线图（box plot）等。用这些图形可以观察数据的分布形状是否对称，是否存在长尾或离群点等。由于 Excel 不能直接绘制茎叶图和箱线图，因此本节只介绍直方图。

直方图是用于展示数值数据分布的一种常用图形，用矩形的宽度和高度（即面积）来表示频数分布。通过直方图可以观察数据分布的大体形状，如分布是否对称。三种不同分布形状的直方图如图 4-9 所示。

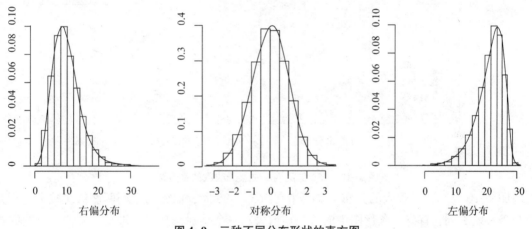

图 4-9 三种不同分布形状的直方图

图 4-9 中，分布曲线的最高处就是分布的峰值。对称分布是以峰值为中心两侧对称；右偏分布是指在分布的右侧有长尾；左偏分布是指在分布的左侧有长尾。

绘制直方图时，用横轴表示数据的分组区间，纵轴表示各组的频数，根据区间宽度和相应的频数画出一个矩形，多个矩形并列起来就是直方图。由于数据的分组是连续的，因此各矩形之间连续排列，不能留有间隔。

【例 4-2】 假设 150 位滴滴车主某天收入的频数分布如表 4-2 所示。绘制直方图分析滴滴车主收入的分布特征。

表 4-2 150 位滴滴车主某天收入的频数分布

日收入/元	人数/人	频率/%
170~235	21	14.00
235~365	37	24.67
365~495	53	35.33
495~560	32	21.33
560~820	7	4.67
合计	150	100.00

解：先根据表 4-2 的数据绘制条形图，然后双击任意一个条，在设置数据系列格式中将分类间距设置为 0，即可形成直方图。150 位滴滴车主某天收入的直方图如图 4-10 所示。

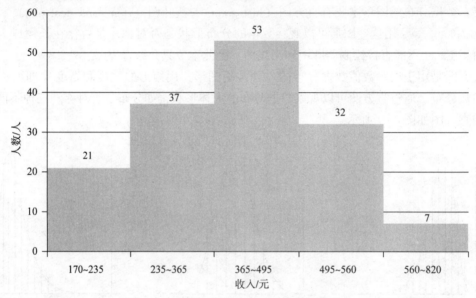

图 4-10　150 位滴滴车主某天收入的直方图

图 4-10 显示，日收入的分布主要集中在 365~495 元，以此为中心两侧依次减少。直方图与条形图不同：首先，条形图中的每一矩形表示一个类别，其宽度没有意义，直方图的宽度则表示各组的组距；其次，由于分组数据具有连续性，因此直方图的各矩形通常连续排列，条形图则分开排列；最后，条形图主要用于展示类别数据，直方图则主要用于展示类别化的数值数据。

4.2.2　散点图和气泡图

展示变量间关系的图形主要有散点图，以及作为散点图变种的气泡图。

1. 散点图

散点图（scatter diagram）是用二维坐标中两个变量各取值点的分布展示变量之间关系的图形。设坐标横轴代表变量 x，纵轴代表变量 y（两个变量的坐标轴可以换），每对数据 (x_i, y_i) 在坐标系中用一个点表示，n 对数据点在坐标系中形成的点图称为散点图。利用散点图可以观察变量之间是否有关系、有什么样的关系,以及关系的大致强度等。

【例4-3】 2017年中国31个地区的地区生产总值、社会消费品零售总额和固定资产投资如表4-3所示。根据表4-3绘制散点图,并观察它们之间的关系。

表4-3　2017年中国31个地区的地区生产总值、社会消费品零售总额和固定资产投资

单位:亿元

地区	地区生产总值	社会消费品零售总额	固定资产投资
北京	28 014.94	11 575.4	8 370.4
天津	18 549.19	5 729.7	11 288.9
河北	34 016.32	15 907.6	33 406.8
山西	15 528.42	6 918.1	6 040.5
内蒙古	16 096.21	7 160.2	14 013.2
辽宁	23 409.24	13 807.2	6 676.7
吉林	14 944.53	7 855.8	13 283.9
黑龙江	15 902.68	9 099.2	11 292.0
上海	30 632.99	11 830.3	7 246.6
江苏	85 869.76	31 737.4	53 277.0
浙江	51 768.26	24 308.5	31 696.0
安徽	27 018.00	11 192.6	29 275.1
福建	32 182.09	13 013.0	26 416.3
江西	20 006.31	7 448.1	22 085.3
山东	72 634.15	33 649.0	55 202.7
河南	44 552.83	19 666.8	44 496.9
湖北	35 478.09	17 394.1	32 282.4
湖南	33 902.96	14 854.9	31 959.2
广东	89 705.23	38 200.1	37 761.7
广西	18 523.26	7 813.0	20 499.1
海南	4 462.54	1 618.8	4 244.4
重庆	19 424.73	8 067.7	17 537.0
四川	36 980.22	17 480.5	31 902.1
贵州	13 540.83	4 154.0	15 503.9
云南	16 376.34	6 423.1	18 936.0
西藏	1 310.92	523.3	1 975.6
陕西	21 898.81	8 236.4	23 819.4
甘肃	7 459.90	3 426.6	5 827.8
青海	2 624.83	839.0	3 883.6
宁夏	3 443.56	930.4	3 728.4
新疆	10 881.96	3 044.6	12 089.1

资料来源:《中国统计年鉴(2018)》。

解：如果想观察 3 个变量两两之间的关系，可以分别绘制出 3 个散点图。这里只绘制出地区生产总值与社会消费品零售总额、地区生产总值与固定资产投资两个散点图，分别如图 4-11 和图 4-12 所示。

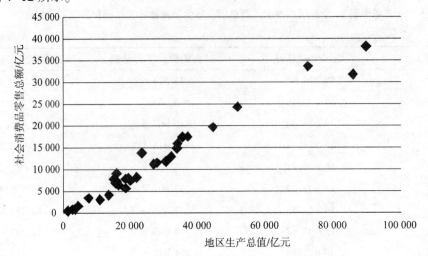

图 4-11　地区生产总值与社会消费品零售总额的散点图

图 4-11 显示，随着地区生产总值的增加，社会消费品零售总额随之增加，二者之间具有明显的正线性关系。

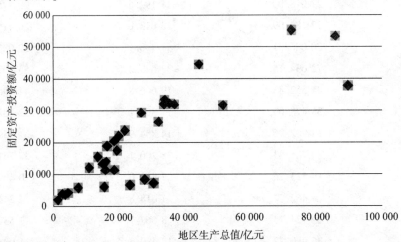

图 4-12　地区生产总值与固定资产投资的散点图

图 4-12 显示，地区生产总值与固定资产投资之间也具有线性关系，但有的地区的固定资产投资并不是最多的，地区生产总值却是最高的，这个点就是广东。这说明广东的地区生产总值并不是完全靠投资拉动的，因为广东的各产业较为成熟，地区生产总值的增长不再主要依靠投资拉动。

2. 气泡图

普通散点图只能展示 2 个变量间的关系。对于 3 个变量之间的关系，除了可以绘制三维散点图外，还可以绘制气泡图（bubble chart），它可以看作散点图的一个变种。在气泡图中，第三个变量数值的大小用圆的大小表示。根据表 4-3 的数据绘制的地区生产总值、社会消费品零售总额和固定资产投资的气泡图如图4-13所示。

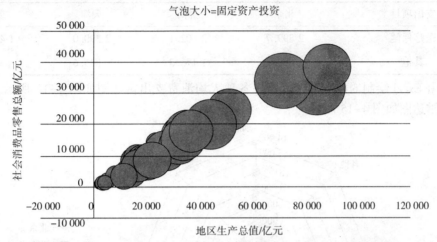

图4-13　地区生产总值、社会消费品零售总额和固定资产投资的气泡图

图4-13显示，气泡大小即固定资产投资额，地区生产总值与社会消费品零售总额的各对数据点基本上在一条直线周围分布，表明二者之间具有线性关系。气泡的大小表示固定资产投资的多少，可以看出，随着地区生产总值和社会消费品零售总额的增加，气泡随之变大，表示固定资产投资与地区生产总值和社会消费品零售总额之间也为线性关系。

4.2.3　雷达图和轮廓图

假定一个集团公司在10个地区有销售分公司，每个公司都有销售人员、销售额、销售利润、所在地区的人口、当地的人均收入等数据。如果想知道10家分公司在上述几个变量上的差异或相似程度，该用什么图形进行展示呢？这里涉及10个样本的5个变量，显然无法使用二维坐标进行图示。利用雷达图和轮廓图则可以做到这一点。

1. 雷达图

从一个点出发，用一条射线代表一个变量，多个变量的数据点连接成线，即围成一个区域，多个样本围成多个区域，就是雷达图（radar chart）。利用雷达图可以研究多个样本之间的相似程度。

【例4-4】　2017年四个直辖市居民各项人均消费支出如表4-4所示。绘制雷达图，比较不同地区居民消费支出的特点和相似性。

表4-4　2017年四个直辖市居民各项人均消费支出　　　　　　　单位：元

支出项目	北京	上海	天津	重庆
食品烟酒	7 548.9	10 005.9	8 647.0	5 943.5
衣着	2 238.3	1 733.4	1 944.8	1 394.8
居住	12 295.0	13 708.7	5 922.4	3 140.9
生活用品及服务	2 492.4	1 824.9	1 655.5	1 245.5
交通通信	5 034.0	4 057.7	3 744.5	2 310.3
文教娱乐	3 916.7	4 685.9	2 691.5	1 993.0

续表

支出项目	北京	上海	天津	重庆
医疗保健	2 899.7	2 602.1	2 390.0	1 471.9
其他	1 000.4	1 173.3	845.6	398.1

解：由 Excel 绘制的四个直辖市居民各项人均消费支出雷达图如图 4-14 所示，不同支出项目的雷达图如图 4-15 所示。

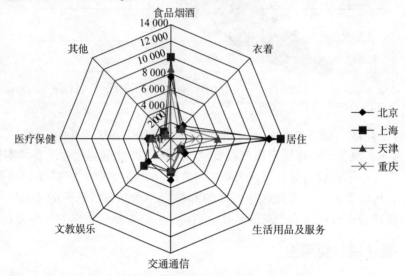

图 4-14 四个直辖市居民各项人均消费支出雷达图

图 4-14 用于比较不同地区在各项消费性支出上的相似性。由该图可以得出几个结论：四个城市居民的消费性支出中，重庆居民的各项支出额普遍低于其他三个地区；除居住以外，北京、天津和上海三地的各项支出则相差不大；雷达图所围成的形状十分相似，说明四个地区的消费结构有很大的相似性。

为分析各支出项目在不同地区的相似性，可以用支出项目作为样本来绘制雷达。

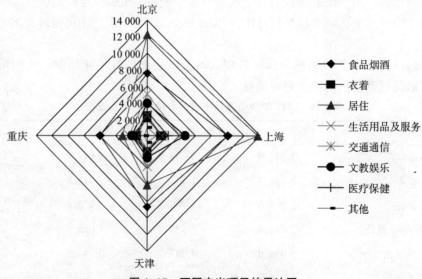

图 4-15 不同支出项目的雷达图

图4-15显示,在各支出项目中,食品烟酒、居住这两项支出在四个城市中居前两位,其次是交通通信、文教娱乐消费支出,再次是衣着、医疗保健、生活用品及服务支出,最少的是其他消费支出。从雷达图围成的形状看,不同支出项目在四个地区的构成上十分相似。

2. 轮廓图

轮廓图(outline chart)也称平行坐标图或多线图,它是用横坐标表示各样本,纵轴表示各样本多个变量的取值,将不同样本的同一变量的取值用折线连接而成的图形。

例如,根据"例4-4"中的数据,将各项支出作为横轴的四个直辖市居民人均消费支出轮廓图如图4-16所示,将各地区作为横轴的不同支出项目的轮廓图如图4-17所示。

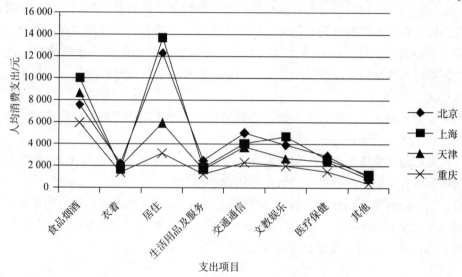

图4-16 四个直辖市居民人均消费支出轮廓图

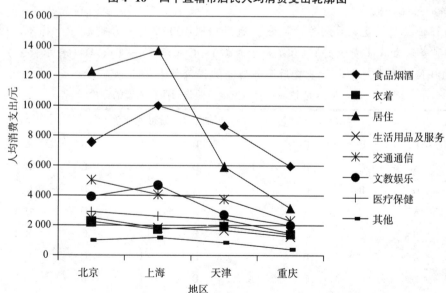

图4-17 不同支出项目的轮廓图

图4-16和图4-17显示的结论与雷达图一致,即四个直辖市在各项消费性支出的结构上有一定的相似性;各项支出在不同地区的构成上也较为相似。

4.3 科学使用图表

统计图表是展示数据的有效方式。在日常生活中，阅读报纸杂志、看电视、访问计算机网络时都能看到大量的统计图表。统计表把杂乱的数据有条理地组织在一张简明的表格内，统计图把数据形象地展示出来。显然，看统计图表要比看枯燥的数字更有趣，也更容易理解。合理使用统计图表是做好统计分析最基本的技能。

使用图表的目的是让别人更容易看懂和理解数据。一张精心设计的图表可以有效地把数据呈现出来。使用计算机可以很容易地绘制出漂亮的图表，但需要注意的是，初学者往往会在图形的修饰上花费太多的时间和精力，而不注意对数据的表达。这样做得不偿失，也未必合理，或许还会画蛇添足。精心设计的图表可以准确表达数据所要传递的信息。设计图表时，应绘制得尽可能简洁，以便清晰地显示数据、合理地表达统计目的。合理使用图表要注意以下几点。

首先，在制作图表时，应避免一切不必要的修饰。过于花哨的修饰往往会使人注重图表本身，而忽略了图表所要表达的信息。

其次，图形的比例应合理。一般而言，一个图形可制作成长宽比为 4∶3 的矩形，过长或过高的图形都有可能歪曲数据，给人留下错误的印象。

最后，图表应有编号和标题。编号一般使用阿拉伯数字，如表的标题应明示表中数据的时间（when）、地点（where）和内容（what），即通常所说的"3W 准则"。表的标题通常放在表的上方；图的标题一般放在图的下方。

练习题

1. 为评价家电行业售后服务的质量，随机抽取 100 位消费者构成一个样本。服务质量的等级分别表示为 A（表示好）、B（表示较好）、C（表示一般）、D（表示较差）、E（表示差）。100 位消费者对家电行业售后服务质量的评价如表 4-5 所示。

表 4-5 100 位消费者对家电行业售后服务质量的评价

100 位消费者对家电行业售后服务质量的评价									
B	E	C	C	A	D	C	B	A	E
D	A	C	B	C	D	E	C	E	E
A	D	B	B	C	A	E	D	C	B
B	A	C	D	E	A	B	D	D	C
C	B	C	E	D	B	C	B	A	C
D	C	B	C	A	C	B	D	E	B
B	E	C	C	A	D	C	B	A	E
B	A	E	C	C	B	D	B	D	E
A	D	B	C	C	A	E	D	C	B
C	B	C	E	B	B	C	C	B	C

制作频数分布表，并绘制恰当的图形反映评价等级的分布和构成。

2. 将考试分数分为 5 个等级，其中 90 分及以上为优秀，80~90 分为良好，70~80 分为中等，60~70 分为及格，60 分以下为不及格。甲、乙两个班学生的统计学考试分数汇总结果如表 4-6 所示。

表 4-6　甲、乙两个班学生的统计学考试分数汇总结果

考试分数	人数	
	甲班	乙班
60 分以下	3	6
60~70 分	6	15
70~80 分	18	9
80~90 分	9	8
90 分及以上	4	2

绘制适当的图形，比较两个班不同分数等级的人数分布特点。

3. 2017 年四个直辖市的地区生产总值构成如表 4-7 所示。

表 4-7　2017 年四个直辖市的地区生产总值构成　　　　单位：亿元

地区	劳动者报酬	生产税净额	固定资产折旧	营业盈余
北京	14 766.03	3 655.49	3 720.81	5 873.61
天津	7 602.43	3 502.74	2 847.80	4 596.22
上海	13 605.85	5 315.82	3 468.32	8 243.00
重庆	8 093.42	3 110.45	2 635.83	5 585.03

资料来源：《中国统计年鉴（2018）》。

绘图加以比较。

4. 为分析网上购物人员的年龄构成，对 2 000 名网上购物人员进行调查，得到不同年龄段的人员构成，如表 4-8 所示。

表 4-8　2 000 名网上购物人员的年龄构成

年龄	比例/%
20 岁以下	2.5
20~25 岁	31.1
25~30 岁	35.4
30~35 岁	19.8
35~40 岁	5.5
40~45 岁	3.3
45~50 岁	1.6
50 岁及以上	0.8

绘制恰当图形，并分析年龄构成的特点。

5. 随机调查的40名学生及其父母身高如表4-9所示。

表4-9 40名学生及其父母身高　　　　　　　　　　　　　单位：厘米

子女身高	父亲身高	母亲身高	子女身高	父亲身高	母亲身高
155	165	157	170	168	163
161	182	165	153	163	152
166	166	156	156	168	155
170	178	160	158	174	155
158	173	160	160	170	162
160	170	165	162	170	158
160	171	150	163	173	160
162	167	158	165	172	161
165	175	160	166	181	158
168	172	162	170	180	165
171	166	158	175	172	160
174	171	158	175	175	165
177	179	168	178	174	160
178	174	160	173	170	160
180	173	162	181	178	165
181	170	160	164	175	161
159	168	153	167	163	166
169	168	153	168	168	155
170	170	167	170	170	160
170	170	160	170	172	158

（1）绘制何种图形能够说明其中两者之间的关系？请绘图，并进行分析。

（2）绘制何种图形能够说明三者之间的关系？请绘图，并进行分析。

6. 2013—2017年东、西、中部及东北地区居民的人均可支配收入如表4-10所示。

表4-10 2013—2017年东、西、中部及东北地区居民的人均可支配收入　　单位：元

组别	2013年	2014年	2015年	2016年	2017年
东部地区	23 658.4	25 954.0	28 223.3	30 654.7	33 414.0
中部地区	15 263.9	16 867.7	18 442.1	20 006.2	21 833.6
西部地区	13 919.0	15 376.1	16 868.1	18 406.8	20 130.3
东北地区	17 893.1	19 604.4	21 008.4	22 351.5	23 900.5

绘制适当的图形，比较不同地区、不同年份人均可支配收入的差异。

第 5 章

描述统计分析

> **想一想**
>
> ◆如果用一个值代表一个班的成绩,是用平均数、中位数还是众数?
> ◆在"双十二"期间,人均网购金额的标准差是 600 元,平时是 300 元。你认为是"双十二"网购金额的差异大,还是平时网购金额的差异大?
> ◆假定你们班的统计学考试平均分数是 70 分,标准差是 5 分,而你的考试分数是 90 分,那么你的考试分数距离平均数有几个标准差的距离?
> ◆你可以手工计算 40 人的平均上网时间,但你能手工计算 400 万人的平均上网时间吗?

利用图表可以对数据分布的形状和特征有一个大致了解,但要更详细地分析数据的特征,还需要用相应的统计量进行描述。数据分布的特征可以从三个方面进行描述:一是数据的水平,反映全部数据的数值大小;二是数据的差异,反映各数据间的离散程度;三是分布的形状,反映数据分布的偏度和峰度。本章主要介绍描述样本特征的统计量的计算方法、特点及应用场合。

5.1 描述水平的统计量

数据的水平是指其取值的大小。描述数据水平的样本统计量主要有平均数、分位数和众数等。

5.1.1 平均数

平均数(mean)也称均值,是一组数据相加后除以数据的个数得到的结果。样本平均数是度量数据水平的常用统计量,在参数估计和假设检验中经常用到。

1. 未分组数据

设一组样本数据为 $x_1, x_2, \cdots, x_n$,样本量(样本数据的个数)为 n,则样本平均数用

$\bar{x}$ 表示,计算公式为:

$$\bar{x} = \frac{x_1 + x_2 + \cdots + x_n}{n} = \frac{\sum_{i=1}^{n} x_i}{n} \tag{5-1}$$

式(5-1)也表示简单平均数(simple mean)。

【例5-1】 在某班随机抽取20位学生,得到统计学成绩数据,如表5-1所示。计算20人的平均成绩。

表5-1　20位学生统计学成绩数据　　　　　　　　　　　单位:分

| 71 | 88 | 66 | 86 | 79 | 60 | 45 | 60 | 76 | 77 |
| 89 | 86 | 82 | 60 | 93 | 81 | 52 | 70 | 55 | 93 |

解:根据式(5-1),有:

$$\bar{x} = \frac{71+88+66+86+\cdots+70+55+93}{20} = \frac{1\,469}{20} = 73.45 \text{(分)}$$

样本平均数的计算可以由 Excel 中的"AVERAGE"函数来完成,操作步骤如下。

第一步,将光标放在任意空白单元格,然后单击"公式"按钮,单击插入函数"fx"按钮。

第二步,在"选择类别"下拉列表框中选择"统计"选项,并在"选择函数"列表框中选择"AVERGE"选项,单击"确定"按钮。

第三步,在"Number"文本框中选择所要计算平均数的数据区域,然后单击"确定"按钮。

2. 组距式分组数据

对于组距式分组数据,计算平均数时,无法直接用 Excel 里的工具或函数得出。首先要计算出各组的组中值。闭口组的组中值 = $\frac{\text{上限} + \text{下限}}{2}$;首组若为开口组,组中值 = 本组上限 $-\frac{\text{邻近组组距}}{2}$;末组若为开口组,组中值 = 本组下限 $+\frac{\text{邻近组组距}}{2}$。K 代表组数,各组的组中值分别用 $M_1, M_2, \cdots, M_k$ 表示,各组的频数分别用 $f_1, f_2, \cdots, f_k$ 表示,则样本平均数的计算公式为:

$$\bar{x} = \frac{M_1 f_1 + M_2 f_2 + \cdots + M_k f_k}{f_1 + f_2 + \cdots + f_k} = \frac{\sum_{i=1}^{k} M_i f_i}{\sum_{i=1}^{k} f_i} \tag{5-2}$$

式(5-2)也表示加权平均数(weighted mean)。

【例5-2】 沿用"例4-2"。根据表4-2的分组数据,计算日收入的加权平均数。

解:150位滴滴车主日收入的加权平均数计算如表5-2所示。

加权平均数

表 5-2 150 位滴滴车主日收入的加权平均数计算

日收入/元	组中值（M_i）	人数（f_i）	$M_i f_i$
170~235	202.5	21	4 252.50
235~365	300	37	11 100.00
365~495	430	53	22 790.00
495~560	527.5	32	16 880.00
560~820	690	7	4 830.00
合计	—	150	59 852.50

根据式（5-2）得：

$$\bar{x} = \frac{\sum_{i=1}^{k} M_i f_i}{\sum_{i=1}^{k} f_i} = \frac{59\ 852.50}{150} = 399.02\ (元)$$

5.1.2 分位数

一组数据按从小到大的顺序排序后，找出排在某个位置上的数值，并用该数值代表数据水平的高低，这些位置上的数值就是相应的分位数（quantile），包括中位数、四分位数、百分位数等。

1. 中位数

中位数（median）是将一组数据排序后处在中间位置上的数值，用 M_e 表示。中位数是用一个点将全部数据等分成两部分，每部分包含 50% 的数据，一部分数据比中位数大，另一部分数据比中位数小。中位数是用中间位置上的值代表数据的水平，其特点是不受极端值的影响，在研究收入分配时很有用。

计算中位数时，要先对 n 个数据从小到大进行排序，然后确定中位数的位置，最后确定中位数的具体数值。如果位置是整数值，中位数就是该位置所对应的数值；如果位置是整数加 0.5 的数值，中位数就是该位置两侧值的平均值。设一组数据 $x_1, x_2, \cdots, x_n$ 按从小到大排序后为 $x_1, x_2, \cdots, x_n$，则中位数就是 $(n+1)/2$ 位置上的值。计算公式为：

$$M_e = \begin{cases} x_{\frac{n+1}{2}}, & n\ 为奇数时 \\ \frac{1}{2}(x_{\frac{n}{2}} + x_{\frac{n}{2}+1}), & n\ 为偶数时 \end{cases} \tag{5-3}$$

【例 5-3】 沿用"例 5-1"的数据。计算 20 位学生统计学成绩的中位数。

解：首先，将 20 位学生的统计学成绩数据排序。20 位学生统计学成绩按升序排列后的结果，如表 5-3 所示。

表 5-3 20 位学生按升序排列后的成绩

45	52	55	60	60	60	66	70	71	76
77	79	81	82	86	86	88	89	93	93

其次，确定中位数的位置：(20+1)/2=10.5，中位数是排序后的第10.5位置上的数值，即中位数在第10个数值（76）和第11个数值（77）中间（0.5）的位置上。因此（76+77)/2=76.5。

中位数的计算可以由Excel中的"MEDIAN"函数来完成，操作步骤如下。

第一步，将光标放在任意空白单元格，然后单击"公式"按钮，单击插入函数"f_X"按钮。

第二步，在"选择类别"下拉列表框中选择"统计"选项，并在"选择函数"列表框中选择"MEDIAN"选项，单击"确定"按钮。

第三步，在"Number"文本框中选择所要计算平均数的数据区域，单击"确定"按钮。

2. 四分位数

四分位数（quartile）是将一组数据排序后处于25%和75%位置上的数值。它是用3个点将全部数据等分为4部分，其中每部分包含25%的数据。很显然，中间的四分位数就是中位数，因此通常所说的四分位数是指处在25%位置上和处在75%位置上的两个数值。

与中位数的计算方法类似，计算四分位数时，首先对数据进行排序，然后确定四分位数所在的位置，该位置上的数值就是四分位数。与中位数不同的是，四分位数位置的确定方法有多种，不同方法得到的结果可能会有一定差异，但差异不会很大（一般相差不会超过一个位次）。由于不同软件使用的计算方法可能不一样，因此对同一组数据用不同软件得到的四分位数结果也可能会有差异，但不会影响分析的结论。

设25%位置上的四分位数为$Q_{25\%}$，75%位置上的四分位数为$Q_{75\%}$，Excel计算四分位数位置的公式为：

$$Q_{25\%}\text{位置}=\frac{n+3}{4}$$

$$Q_{75\%}\text{位置}=\frac{3n+1}{4} \tag{5-4}$$

如果四分位数是在整数的位置上，则取该位置对应的数值；如果是在整数加0.5的位置上，则取该位置两侧数值的平均数；如果是在整数加0.25或0.75的位置上，则取该位置前面的数值加上按比例分摊的位置两侧数值的差值。

【例5-4】 沿用"例5-1"的数据。计算20位学生统计学成绩的四分位数。

解：先对n个数据从小到大进行排序，然后计算出四分位数的位置。

$$Q_{25\%}\text{位置}=\frac{20+3}{4}=5.75$$

$$Q_{75\%}\text{位置}=\frac{3\times 20+1}{4}=15.25$$

$Q_{25\%}$在第5个数值（60）和第6个数值（60）之间0.75的位置上，因此，$Q_{25\%}=60+0.75\times(60-60)=60$。

$Q_{75\%}$在第15个数值（86）和第16个数值（86）之间0.25的位置上，因此，$Q_{75\%}=86+0.25\times(86-86)=86$。

由于在$Q_{25\%}$和$Q_{75\%}$之间大约包含了50%的数据，就20位学生的成绩而言，可以说大约有一半的学生成绩在 60~86 分。

四分位数的计算可以由 Excel 中的"QUARTILE.INC"函数来完成,该函数可以计算一组数据的四分位数、中位数、最小值和最大值。操作步骤如下。

第一步,将光标放在任意空白单元格,然后单击"公式"按钮,单击插入函数"fx"按钮。

第二步,在"选择类别"下拉列表框中选择"统计"选项,并在"选择函数"列表框中选择"QUARTILE.INC"选项,单击"确定"按钮。

第三步,在"Array"文本框中选择所要计算平均数的数据区域,在"quart"后输入相应的数字以决定函数返回哪一个数值。

quart=0,返回最小值;quart=1,返回第一个四分位数,即 25% 位置上的四分位数;quart=2,返回中位数;quart=3,返回第三个四分位数,即 75% 位置上的四分位数;quart=4,返回最大值。

第四步,单击"确定"按钮,即得到相应的分位数值。

注意,使用函数"QUARTILE.EXC"也可以计算四分位数,但函数的参数不包含 0 和 1,因此不返回最小值和最大值。

3. 百分位数

百分位数(percentile)是用 99 个点将数据分成 100 等份,所得到的处于各分位点上的数值。百分位数提供了各项数据在最小值和最大值之间分布的信息。

与四分位数类似,百分位数也有多种算法,各种算法的结果不尽相同,但差异不会很大。设 $P_{i\%}$ 为第 i 个百分位数,Excel 给出的第 i 个百分位数的位置的计算公式为:

$$P_{i\%} 位置 = \frac{i}{100} \times (n-1) \tag{5-5}$$

如果位置值是整数,百分位数就是该位置对应的数值;如果位置值不是整数,百分位数等于该位置前面的数值加上按比例分摊的位置两侧数值的差值。显然,中位数就是第 50 个百分位数 $P_{50\%}$,$Q_{25\%}$ 和 $Q_{75\%}$ 就是第 25 个百分位数 $P_{25\%}$ 和第 75 个百分位数 $P_{75\%}$。

【例 5-5】 沿用"例 5-1"的数据。计算 20 位学生统计学成绩的第 5 个和第 90 个百分位数。

解:先对 n 个数据从小到大进行排序,然后计算出百分位数的位置。根据式(5-5),第 5 个百分位数的位置为:

$$P_{5\%} 位置 = \frac{5}{100} \times (20-1) = 0.95$$

Excel 将排序后的第 1 个数值位置设定为 0,最后一个数值位置设定为 1。因此,第 5 个百分位数在第 1 个值(45)和第 2 个值(52)之间 0.95 的位置上,$P_{5\%}$ = 45+0.95×(52-45) = 51.65。

第 90 个百分位数的位置为:

$$P_{90\%} 位置 = \frac{90}{100} \times (20-1) = 17.1$$

因此,第 90 个百分位数在第 18 个值(89)和第 19 个值(93)之间 0.1 的位置上,

$P_{90\%} = 89 + 0.1 \times (93 - 89) = 89.4$。

使用 Excel 中的"PERCENTILE.INC"函数可以计算任意一个百分位数。该函数的格式为"PERCENTILE.INC（array，k）"，其中 array 计算百分位数的数组或数据区域，k 为第 k 个百分点的值，取值在 0~1，包含 0 和 1。操作步骤如下。

第一步，将光标放在任意空白单元格，然后单击"公式"按钮，单击插入函数"fx"按钮。

第二步，在"选择类别"下拉列表框中选择"统计"选项，并在"选择函数"列表框中选择"PERCENTILE.INC"选项，单击"确定"按钮。

第三步，在"Array"文本框中选择所要计算百分位数的数组或数据区域，在"K"后输入相应的数字以决定函数返回哪一个数值。K 为 0~1 的百分点值，包含 0 和 1。$K=0$ 时，返回最小值；$K=1$ 时，返回最大值；$K=0.01$ 时，返回第一个百分位数；$K=0.25$ 时，返回 25% 位置上的四分位数（第一个四分位数）；$K=0.5$ 时，返回中位数；$K=0.75$ 时，返回 75% 位置上的四分位数（第三个四分位数）。

第四步，单击"确定"按钮，即得到相应的分位数值。

5.1.3 众数

除平均数、中位数、四分位数和百分位数外，有时也会使用众数来度量数据水平。众数（mode）是一组数据中出现频数最多的数值，用 M_o 表示。一般情况下，只有在数据量较大时众数才有意义。从分布的角度看，众数是一组数据分布的峰值点所对应的数值。如果数据的分布没有明显的峰值，众数可能不存在；如果有两个或多个峰值，也可以有两个或多个众数。

【例 5-6】 沿用"例 5-1"的数据。计算 20 位学生统计学成绩的众数。

解：利用 Excel 中的"MODE.SNGL"函数可以计算一组数据的众数，操作步骤如下所示。

第一步，将光标放在任意空白单元格，然后单击"公式"按钮，单击插入函数"fx"按钮。

第二步，在"选择类别"下拉列表框中选择"统计"选项，并在"选择函数"列表框中选择"MODE.SNGL"选项，单击"确定"按钮。

第三步，在"Number"文本框中选择所要计算中位数的数据区域，然后单击"确定"按钮。

按如上步骤得到的众数为 60。

平均数、分位数和众数是描述数据水平的几个主要统计量，在实际应用中，用哪个统计量来代表一组数据的水平，取决于数据的分布特征。平均数易被多数人理解和接受，实际中用得也较多，但其缺点是易受极端值的影响。当数据的分布对称或偏斜程度不是很大时，应选择使用平均数。对于严重偏度分布的数据，平均数的代表性较差。由于中位数和众数不受极端值的影响，因此当数据分布的偏斜程度较大时，可考虑选择中位数或众数。

5.2 描述差异的统计量

假定有甲、乙两个班,甲班学生的平均成绩为75分,乙班学生的平均成绩是70分。你如何评价两个班学生成绩的好坏?你能否认为甲班所有学生的成绩都高于乙班学生呢?要回答这些问题,首先需要弄清楚这里的平均成绩能否代表大多数人的成绩水平。甲班有少数几个成绩好的学生,而大多数学生成绩中等,有的还很差。相反,乙班学生成绩多数在70分左右,虽然平均成绩看上去不如甲班,但多数学生的成绩比甲班高,原因是甲班学生成绩的离散程度大于乙班。这个例子表明,仅仅知道数据取值的大小是远远不够的,还必须考虑数据之间的差异。数据之间的差异就是数据的离散程度。数据的离散程度越大,各描述统计量对该组数据的代表性就越差;离散程度越小,各描述统计量对该组数据的代表性就越好。

描述样本数据离散程度的统计量主要有全距、四分位距、方差和标准差,以及测度相对离散程度的离散系数等。

5.2.1 全距

全距(range)是一组数据的最大值与最小值之差,也称极差,用 R 表示。计算公式为:
$$R = \max(x) - \min(x) \tag{5-6}$$

在"例5-1"中,20位学生统计学成绩的全距为 $R=93-45=48$。全距只利用了一组数据两端的信息,容易受极端值的影响,不能全面反映数据的差异状况。虽然全距在实际中很少单独使用,但它总是作为分析数据离散程度的一个参考值。

5.2.2 四分位距

四分位距(inter-quartile range)是一组数据75%位置上的四分位数与25%位置上的四分位数之差,也称四分位差,用 IQR 表示。计算公式为:
$$\text{IQR} = Q_{75\%} - Q_{25\%} \tag{5-7}$$

四分位距反映了中间50%数据的离散程度,其数值越小,说明中间的数据越集中;数值越大,说明中间的数据越分散。四分位距不受极值的影响。此外,由于中位数处于数据的中间位置,因此四分位距的大小在一定程度上也说明了中位数对一组数据的代表程度。

在"例5-4"中,根据20位学生成绩的四分位数,可得 IQR=86-60=26。

5.2.3 方差和标准差

如果考虑每个数据 x_i 与其平均数 $\bar{x}$ 之间的差异,以此度量一组数据的离散程度,结果就要比全距和四分位距更全面、准确。这就需要求出每个数据 x_i 与其平均数 $\bar{x}$ 离差的平均数。但由于 $(x_i - \bar{x})$ 之和等于0,因此需要进行一定的处理。一种方法是将离差取绝对值,求和后再平均,这一结果称为平均差(mean deviation)或平均绝对离差(mean absolute deviation);另一种方法是将离差平方后再求平均数,这一结果称为方差(variance)。方差开方后的结果称为标准差(standard deviation)。标准差是实际中应用最广泛的测度数据离散程度的统计量。设样本方

加权标准差

差为 s^2，根据原始数据计算样本方差的公式为：

$$s^2 = \frac{\sum_{i=1}^{n}(x_i - \bar{x})^2}{n-1} \quad (5-8)$$

样本标准差的计算公式为：

$$s = \sqrt{\frac{\sum_{i=1}^{n}(x_i - \bar{x})^2}{n-1}} \quad (5-9)$$

如果原始数据被分成 k 组，各组的组中值分别为 M_1，M_2，$\cdots$，M_k，各组的频数分别为 f_1，f_2，$\cdots$，f_k，则加权样本方差的计算公式为：

$$s^2 = \frac{\sum_{i=1}^{n}(M_i - \bar{x})^2 f_i}{\sum_{i=1}^{k} f_i - 1} \quad (5-10)$$

加权样本标准差的计算公式为：

$$s = \sqrt{\frac{\sum_{i=1}^{n}(M_i - \bar{x})^2 f_i}{\sum_{i=1}^{n} f_i - 1}} \quad (5-11)$$

与方差不同的是，标准差具有量纲，它与原始数据的计量单位相同，其实际意义要比方差清楚。因此，在对实际问题进行分析时更多地使用标准差。

【例5-7】 沿用"例5-1"的数据。计算20位学生统计学成绩的标准差。

解：根据式（5-8）得：

$$s^2 = \frac{(71-73.45)^2 + (88-73.45)^2 + \cdots + (93-73.45)^2}{20-1} \approx 207.31 \text{（分）}$$

标准差为：

$$s = \sqrt{207.31} \approx 14 \text{（分）}$$

使用 Excel 中的"VAR.S"函数可以计算一组样本数据的方差，使用"STDEV.S"函数可以计算样本标准差。操作步骤如下所示。

第一步，将光标放在任意空白单元格，然后单击"公式"按钮，单击插入函数"f_x"按钮。

第二步，在"选择类别"下拉列表框中选择"统计"选项，并在"选择函数"列表框中选择"VAR.S"选项，单击"确定"按钮。

第三步，在"Number1"文本框中选择所要计算方差的数据区域，然后单击"确定"按钮，即可得到样本方差。

计算标准差时选择"STDEV.S"函数即可。

注意，计算总体方差的函数为"VAR.P"，计算总体标准差的函数为"STDEV.P"。

【例5-8】 沿用表4-2的数据。根据表4-2的分组数据，计算滴滴车主日收入的标准差。

解：150 位滴滴车主日收入的加权标准差计算如表 5-4 所示。

表 5-4　150 位滴滴车主日收入的加权标准差计算

日收入/元	组中值 M_i	人数 f_i	$(M_i - \bar{x})^2$	$(M_i - \bar{x})^2 \times f$
170~235	202.5	21	38 620.11	811 022.318 4
235~365	300.0	37	9 804.96	362 783.534 8
365~495	430.0	53	959.76	50 867.301 2
495~560	527.5	32	16 507.11	528 227.532 8
560~820	690.0	7	84 669.36	592 685.522 8
合计	—	150		2 345 586.210 0

根据式（5-11）得：

$$s = \sqrt{\frac{\sum_{i=1}^{k}(M_i - \bar{x})^2 f_i}{\sum_{i=1}^{k} f - 1}} = \sqrt{\frac{2\,345\,586.21}{150 - 1}} = 125.47$$

5.2.4　离散系数

标准差是反映数据离散程度的绝对值，其数值的大小受原始数据取值大小的影响，数据的观测值越大，标准差的值通常也就越大。此外，标准差与原始数据的计量单位相同，采用不同计量单位计量的数据，其标准差的值也就不同。因此，对于不同组别的数据，如果原始数据的观测值相差较大或计量单位不同，就不能用标准差直接比较其离散程度，这时需要计算离散系数。

离散系数

离散系数（coefficient of variation，CV）也称变异系数，是一组数据的标准差与其相应的平均数之比。由于离散系数消除了数据取值大小和计量单位对标准差的影响，因而可以反映一组数据的相对离散程度。其计算公式为：

$$CV = \frac{s}{\bar{x}} \qquad (5-12)$$

离散系数主要用于比较不同样本数据的离散程度。离散系数大，说明数据的相对离散程度大；离散系数小，说明数据的相对离散程度小。

【例 5-9】　为分析不同行业上市公司每股收益的差异，在汽车行业、纺织服装行业各随机抽取 10 家上市公司，取得 2019 年第一季度的每股收益数据，如表 5-5 所示。比较两类上市公司每股收益的离散程度。

表 5-5　汽车与纺织服装行业上市公司的每股收益　　　　　　　　　　　　单位：元

汽车行业	纺织服装行业
0.477	0.003
0.250	0.020
0.085	0.016

续表

汽车行业	纺织服装行业
0.032	0.274
0.271	0.120
0.080	0.280
0.585	0.201
0.239	0.053
0.083	-0.180
0.040	0.019

解：根据表5-5的数据得到的汽车与纺织服装行业上市公司的每股收益的平均数、标准差和离散系数如表5-6所示。

表5-6 汽车与纺织服装行业上市公司的每股收益的平均数、标准差和离散系数

统计量	汽车行业	纺织服装行业
平均数	0.214 2	0.080 6
标准差	0.190 653	0.141 244
离散系数	0.890 071	1.752 405

表5-6的结果显示，虽然汽车行业上市公司每股收益的标准差大于纺织服装行业上市公司，但其离散系数更小，表明汽车行业上市公司每股收益的离散程度小于纺织服装行业上市公司。

5.2.5 标准分数

有了平均数和标准差之后，就可以计算一组数据中每个数值的标准分数（standard）。它是某个数据与其平均数的离差除以标准差后的值。设样本数据的标准分数为z，则有：

$$z_i = \frac{x_i - \bar{x}}{s} \tag{5-13}$$

标准分数可以测度每个数值在该组数据中的相对位置，也可以用来判断一组数据是否有离群点。比如，全班同学的平均考试分数为70分，标准差为5分，而你的考试成绩是80分，距离平均分数有多远？显然是2个标准差的距离。

将一组数据转化为标准化得分的过程称为数据的标准化。式（5-13）是统计上常用的标准化公式，在对多个具有不同量纲的变量进行处理时，常常需要对各变量的数据进行标准化处理，也就是把一组数据转化成平均数为0、标准差为1的新的数据。实际上，标准分数只是将原始数据进行了线性变换，并没有改变某个数值在该组数据中的位置，也没有改变该组数据分布的形状。

【例5-10】 沿用"例5-1"的数据。计算20位学生统计学成绩的标准分数。

解：根据前面的计算结果可知，$\bar{x} = 73.45$分，$s = 14$分。以第一个人的标准分数为例，由式（5-13）得：

第 5 章　描述统计分析

$$z = \frac{71 - 73.45}{14} = -0.175$$

使用 Excel 中的"STANDARDIZE"函数可以计算标准分数,操作步骤如下。

第一步,将光标放在任意空白单元格,然后单击"公式"按钮,单击插入函数"fx"按钮。

第二步,在"选择类别"下拉列表框中选择"统计"选项,并在"选择函数"列表框中选择"STANDARDIZE"选项,单击"确定"按钮。

第三步,在"X"中输入所要计算标准分数的原始数据(最好是单击原始数据所在的单元格,以便复制得到多个数据的标准分数);在"Mean"中输入该组数据的平均数;在"Standard_dev"中输入该组数据的标准差。单击"确定"按钮,即可得到该数据的标准分数(要得到多个数据的标准分数,向下复制该单元格即可)。"函数参数(STANDARDIZE)"对话框如图 5-1 所示。

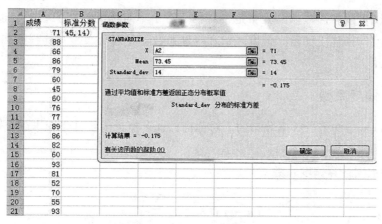

图 5-1　"函数参数(STANDARDIZE)"对话框

按上述步骤得到的 20 位学生统计学成绩的标准分数如表 5-7 所示。

表 5-7　20 位学生统计学成绩的标准分数

成绩	标准分数	成绩	标准分数
71	-0.175 000 000	89	1.110 714 286
88	1.039 285 714	86	0.896 428 571
66	-0.532 142 857	82	0.610 714 286
86	0.896 428 571	60	-0.960 714 286
79	0.396 428 571	93	1.396 428 571
60	-0.960 714 286	81	0.539 285 714
45	-2.032 142 857	52	-1.532 142 857
60	-0.960 714 286	70	-0.246 428 571
76	0.182 142 857	55	-1.317 857 143
77	0.253 571 429	93	1.396 428 571

表 5-7 的结果显示,第一个学生的成绩与平均成绩相比低 0.175 个标准差,第二个学生的成绩与平均成绩相比高 1.039 个标准差,其余的含义类似。

根据标准分数,可以判断一组数据中是否存在离群点(outlier)。经验表明:当一组数据对称分布时,约有 68% 的数据在平均数加减 1 个标准差的范围之内,约有 95% 的数据在平均数加减 2 个标准差的范围之内,约有 99% 的数据在平均数加减 3 个标准差的范围之内。可以想象,一组数据中低于或高于平均数 3 个标准差的数是很少的。也就是说,在平均数加减 3 个标准差的范围内几乎包含了全部数据,而 3 个标准差之外的数据在统计上称为离群点。在"例 5-1"中,由表 5-7 可知,20 个学生的成绩都在平均数加减 3 个标准差的范围内(标准分数的绝对值均小于 3),没有离群点。

5.3 描述分布形状的统计量

利用直方图可以看出数据的分布是否对称。对于不对称的分布,要想知道不对称程度,则需要计算相应的描述统计量。偏度系数和峰度系数就是对分布不对称程度和峰值高低的一种度量。

5.3.1 偏度系数

偏度(skewness)是指数据分布的不对称性,这一概念由统计学家卡尔·皮尔逊于 1895 年首次提出。测度数据分布不对称性的统计量称为偏度系数(coefficient of skewness),记为 SK。根据原始数据计算偏度系数时,公式为:

$$\text{SK} = \frac{n}{(n-1)(n-2)} \sum \left(\frac{x-\bar{x}}{s}\right)^3 \tag{5-14}$$

当数据对称分布时,偏度系数等于 0。偏度系数越接近 0,偏斜程度就越低,也就越接近对称分布。如果偏度系数不等于 0,表示数据的分布是非对称的。偏度系数大于 1 或小于 -1,视为严重偏斜分布;偏度系数为 0.5~1 或 -1~-0.5,视为中等偏斜分布;偏度系数小于 0.5 或大于 -0.5,视为轻微偏斜。其中,负值表示左偏分布(在分布的左侧有长尾),正值则表示右偏分布(在分布的右侧有长尾)。

5.3.2 峰度系数

峰度(kurtosis)是指数据分布峰值的高低,这一概念由统计学家卡尔·皮尔逊于 1905 年首次提出。测度一组数据分布峰值高低的统计量称为峰度系数(coefficient of kurtosis),记作 K。根据原始数据计算峰度系数时,公式为:

$$K = \frac{n(n+1)}{(n-1)(n-2)(n-3)} \sum \left(\frac{x-\bar{x}}{s}\right)^4 - \frac{3(n-1)^2}{(n-2)(n-3)} \tag{5-15}$$

峰度通常是与标准正态分布相比较而言的。由于标准正态分布的峰度系数为 0,当 $K>0$ 时为尖峰分布,数据分布的峰值比标准正态分布高,数据相对集中;当 $K<0$ 时为扁平分布,数据分布的峰值比标准正态分布低,数据相对分散。

【例 5-11】 沿用"例 5-1"的数据。计算 20 位学生统计学成绩的偏度系数和峰度系数。

解：计算偏度系数可用 Excel 中的"SKEW"函数，计算峰度系数可用 Excel 中的"KURT"函数，操作步骤如下所示。

第一步，将光标放在任意空白单元格，然后单击"公式"按钮，单击插入函数"f_x"按钮。

第二步，在"选择类别"下拉列表框中选择"统计"选项，并在"选择函数"列表框中选择"SKEW"选项，单击"确定"按钮。

第三步，在"Number1"文本框中选择所要计算偏度系数的数据区域，然后单击"确定"按钮，即可得到样本数据的偏度系数。

计算峰度系数时选择"KURT"函数即可。

按上述步骤得到的偏度系数 $SK = -0.39027$，峰度系数 $K = -0.95254$。结果表明，20 个学生成绩的分布为轻微的左偏分布，分布的峰值比标准正态分布低。

5.4 利用工具进行描述统计

前面介绍的各描述统计量除了可以用 Excel 的统计函数计算外，也可以使用"数据分析"工具一次输入多个统计量的计算结果，进行综合性描述分析。

【例 5-12】 沿用"例 5-9"的数据。计算上市公司每股收益的各描述统计量，并进行综合分析。

解：使用 Excel"数据分析"工具计算描述统计量的步骤如下。

第一步，将光标放在任意空白单元格，单击"数据"按钮，然后单击"数据分析"按钮。在"分析工具"中选择"描述统计"，单击"确定"按钮。

第二步，在"输入区域(I)："文本框中输入原始数据所在的区域；在"输出选项(O)："选项组中选择结果的输出位置；单击"汇总统计(S)"复选按钮（其他选项可根据需要选择）。"描述统计"对话框操作如图 5-2 所示。

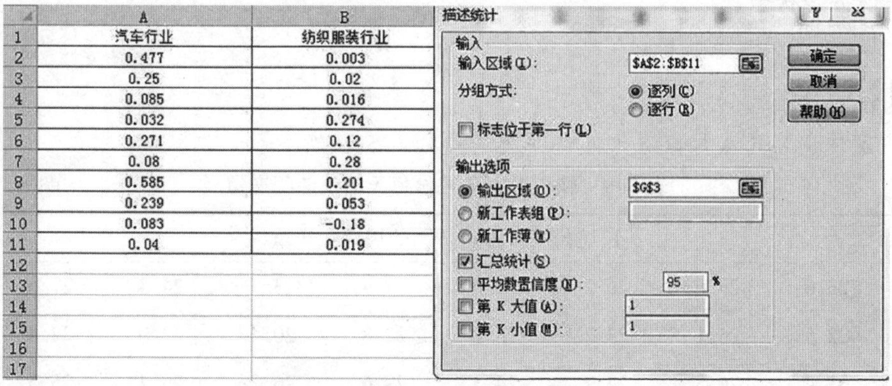

图 5-2 "描述统计"对话框操作

第三步，单击"确定"按钮，即可得到结果。

按上述步骤得到的汽车与纺织服装行业上市公司的描述统计量如表 5-8 所示。

表 5-8　汽车与纺织服装行业上市公司的描述统计量

汽车行业	统计量	纺织服装行业	统计量
平均	0.214 2	平均	0.080 6
标准误差	0.060 29	标准误差	0.044 6 65
中位数	0.162 0	中位数	0.036 5
众数	#N/A	众数	#N/A
标准差	0.190 653	标准差	0.141 244
方差	0.036 349	方差	0.019 950
峰度系数	0.056 223	峰度系数	−0.014 360
偏度系数	1.026 337	偏度系数	−0.095 800
区域	0.553	区域	0.460
最小值	0.032	最小值	−0.180
最大值	0.585	最大值	0.280
求和	2.142	求和	0.806
观测数	10	观测数	10

表 5-8 给出了描述数据水平的平均数、中位数和众数（符号#N/A 表示该组数据不存在众数），描述数据差异的标准差、方差和全距（输出结果显示为"区域"），描述数据分布形状的峰度系数和偏度系数等。从平均数和中位数看，汽车公司每股平均收益远高于纺织服装公司。虽然从标准差看汽车公司大于纺织服装公司，但从离散系数（汽车公司为 0.89，纺织服装公司为 1.75）看，汽车公司每股收益的离散程度却比纺织服装公司小。从数据分布的形状来看，纺织服装公司偏度系数为负值，呈左偏分布；而汽车公司偏度系数为正值，呈右偏分布，每股收益的偏斜程度大于纺织服装公司。从分布的峰度系数看，纺织服装公司每股收益的峰值低于标准正态分布，即呈现扁平状态，而汽车公司峰值系数略高于标准正态分布，呈现尖峰状态。

练习题

1. 一家快递公司 4 月份每天的快递配送量如表 5-9 所示。

表 5-9　快递公司 4 月份每天的快递配送量　　　　　　　　单位：万件

快递公司 4 月份每天的快递配送量										
18.7	23.6	27.6	26.2	24.4	27.4	23.3	24.3	27.6	30.7	
27.8	22.5	25.1	23.2	23.2	22.8	20.4	23.0	22.3	25.3	
25.3	31.4	26.5	22.7	24.1	29.6	26.2	29.4	25.5	23.0	

（1）根据数据分布形状，选择最恰当的平均指标计算平均水平。

（2）分析该公司快递配送量的差异水平。

2. 在某地区随机抽取 100 家企业，按月销售额进行分组，其结果如表 5-10 所示。

表 5-10 100 家企业按月销售额进行分组

月销售额/万元	企业数/个
400 以下	12
400~600	25
600~800	37
800~1 000	16
1 000 以上	10
合计	100

计算这 100 家企业月销售额的平均数和标准差。

3. 一种产品需要人工装配,现有 3 种可供选择的装配方法。为检验哪种方法更好,随机抽取 10 名工人,让他们分别用 3 种方法装配。10 名工人分别用 3 种方法在相同的时间内组装的产品数量如表 5-11 所示。

表 5-11 10 名工人分别用 3 种方法在相同的时间内组装的产品数量   单位:个

方法 A	方法 B	方法 C
165	129	125
166	130	126
169	129	126
163	130	127
171	131	126
166	127	125
165	128	126
168	128	116
165	125	126
161	132	125

计算有关的描述统计量,并评价这三种装配方法的优劣。

第 6 章

参数估计

> **想一想**
>
> ◆某公司生产的抽纸包装上标明：每提10包，每包60克，一提600克。如果每次拿出一包进行称重，不一定是60克。假定做20次称重试验，能知道每包的平均重量范围是多少吗？
>
> ◆某公司在对一种型号电池的检测中，随机抽取了100个电池，发现有5个不合格，由此得出合格率为95%。你相信这样的检测报告吗？
>
> ◆有两个品牌的空调，它们的平均使用寿命差不多，但一个品牌的寿命方差为1年，另一个品牌的寿命方差为2年。你认为哪个品牌的空调更好？

参数估计是在样本统计量概率分布的基础上，根据样本信息估计所关心的总体参数。本章首先介绍参数估计中所需的基本知识，然后讲述参数估计的原理，再介绍总体均值、总体比例和总体方差的区间估计方法，最后介绍参数估计中样本量的确定。

6.1 参数估计中的基本知识

6.1.1 统计量及其分布

1. 参数和统计量

想知道某地区高校应届毕业生的平均收入水平，但由于不可能对每个毕业生进行调查，因而也就无法知道该地区高校应届毕业生的平均收入。这里"该地区高校应届毕业生的平均收入"就是总体参数（parameter），它是总体特征的某个概括性度量。

参数通常是未知的，但又是想要了解的总体的某个特征值。如果只研究一个总体，所关心的参数通常有总体均值、总体方差、总体标准差、总体比例等。在统计中，总体参数通常用希腊字母表示。比如,总体均值用 μ(mu)表示,总体标准差用 σ^2(sigma square)表示,总体标准差用 σ(sigma)表示,总体比例用 π(pi)表示。

总体参数虽然是未知的,但可以利用样本信息来推断。比如,从某地区随机抽取 3 000 名高校应届毕业生组成一个样本,根据这些毕业生的平均收入推断该地区高校所有应届毕业生的平均收入。这里"3 000 名高校应届毕业生的平均收入"就是一个统计量(statistic),它是根据样本数据计算的用于推断总体的某个量,是对样本特征的某个概括性度量。显然,统计量的取值会因样本不同而变化,因此是样本的函数,也是一个随机变量。在抽取一个特定的样本后,统计量的值就可以计算出来了。

就一个样本而言,统计量通常有样本均值、样本方差、样本标准差、样本比例等。样本统计量通常用英文字母表示。比如,样本均值用 $\bar{x}$ 表示,样本方差用 s^2 表示,样本标准差用 s 表示,样本比例用 p 表示。

2. 统计量的概率分布

既然统计量是一个随机变量,那么它就有一定的概率分布。样本统计量的概率分布也称抽样分布(sampling distribution),是由样本统计量的所有可能取值形成的相对频数分布。由于现实中不可能将所有可能的样本都抽取出来,因此统计量的概率分布实际上是一种理论分布。

根据统计量来推断总体参数具有某种不确定性,但可以给出这种推断的可行性,而度量这种可行性的依据正是统计量的概率分布,并且我们确知这种分布的某些性质。因此,统计量的概率分布提供了该统计量长远而稳定的信息,这构成了推断总体参数的理论基础。

6.1.2 样本均值的分布

设总体共有 N 个元素(个体),从中抽取样本量为 n 的随机样本,在有放回抽样条件下,共有 N^n 个可能的样本;在无放回抽样条件下,共有 $C_N^n = \dfrac{n!}{n!(N-n)!}$ 个可能的样本。将所有可能的样本均值都算出来,由这些样本均值形成的分布就是样本均值的概率分布,或称样本均值的抽样分布。现实中不可能将所有的样本都抽取出来,因此,样本均值的概率分布实际上是一种理论分布。当样本量较大时,统计证明它近似服从正态分布。下面通过一个例子说明样本均值的概率分布。

【例6-1】 设一个总体含有 5 个元素,取值分别为:$x_1=2, x_2=4, x_3=6, x_4=8, x_5=10$。从该总体中采取重复抽样方法抽取样本量为 $n=2$ 的所有可能样本,得出样本均值 $\bar{x}$ 的概率分布。

解:首先,计算出总体的均值和方差。

$$\mu = \frac{\sum_{i=1}^{4} x_i}{N} = \frac{30}{5} = 6$$

$$\sigma^2 = \frac{\sum_{i=1}^{4}(x_i - \mu)^2}{N} = \frac{40}{5} = 8$$

从总体中采取重复抽样方法抽取容量为 $n=2$ 随机样本，共有 $5^2=25$ 个可能的样本，计算出每一个样本的均值 $\bar{x}$。25 个可能的样本及其均值 $\bar{x}$ 如表 6-1 所示。

表 6-1 25 个可能的样本及其均值 $\bar{x}$

样本序号	样本元素 1	样本元素 2	样本均值
1	2	2	2
2	2	4	3
3	2	6	4
4	2	8	5
5	2	10	6
6	4	2	3
7	4	4	4
8	4	6	5
9	4	8	6
10	4	10	7
11	6	2	4
12	6	4	5
13	6	6	6
14	6	8	7
15	6	10	8
16	8	2	5
17	8	4	6
18	8	6	7
19	8	8	8
20	8	10	9
21	10	2	6
22	10	4	7
23	10	6	8
24	10	8	9
25	10	10	10

每个样本被抽中的概率相同，均为 1/25。设样本均值的均值（期望值）为 $\mu_{\bar{x}}$，样本均值的方差为 $\sigma_{\bar{x}}^2$，根据表 6-1 中的样本均值得：

$$\mu_{\bar{x}} = \frac{\sum_{1}^{25} \bar{x}}{25} = 6$$

$$\sigma_{\bar{x}}^2 = \frac{\sum_{1}^{25} (\bar{x} - \mu_{\bar{x}})^2}{25} = 4$$

与总体均值 μ 和总体方差 σ^2 比较，不难发现：

$$\mu_{\bar{x}} = \mu = 6$$

$$\sigma_{\bar{x}}^2 = \frac{\sigma^2}{n} = \frac{8}{2} = 4$$

由此可见，样本均值的均值（期望值）等于总体均值，样本均值的方差等于总体方差的 $1/n$。样本均值的分布与总体分布的比较如图 6-1 所示。

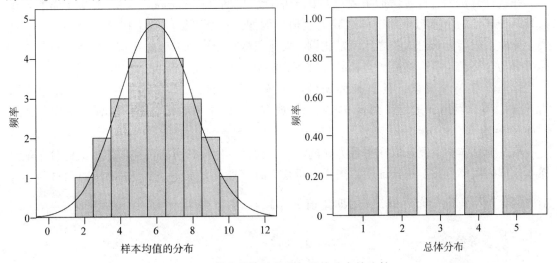

图 6-1　样本均值的分布与总体分布的比较

由图 6-1 不难看出，尽管总体为均匀分布，但样本均值的分布在形状上近似正态分布。

样本均值的分布与抽样所依据的总体分布及样本量 n 有关。统计证明，如果总体是正态分布，无论样本量的大小如何，样本均值的分布都近似服从正态分布；如果总体不是正态分布，随着样本量 n 的增大（通常要求 $n \geq 30$），样本均值的分布仍趋于正态分布，其分布的期望值为总体均值 μ，方差为总体方差的 $1/n$。这就是统计上著名的中心极限定理（central limit theorem）。这一定理可以表述为：均值为 μ、方差为 σ^2/n 的正态分布，即 $\bar{x} \sim N(\mu, \sigma^2/n)$，等价地有 $\dfrac{\bar{x} - \mu}{\sigma/\sqrt{n}} \sim N(0, 1)$。

如果总体不是正态分布，当 n 为小样本时（通常 $n<30$），样本均值的分布则不服从正态分布。样本均值的分布与总体分布及样本量的关系如图 6-2 所示。

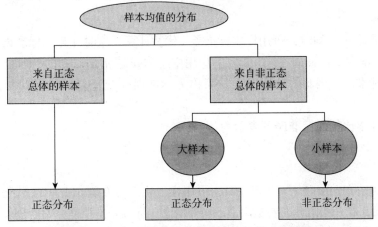

图 6-2　样本均值的分布与总体分布及样本量的关系

6.1.3 样本比例和样本方差的分布

1. 样本比例的分布

在统计分析中,许多情形下要进行比例估计。比例(proportion)是指总体(样本)中具有某种属性的个体与全部个体之和的比值。例如,一个班级的学生按性别分为男、女两类,男生人数与全班总人数之比就是比例,女生人数与全班总人数之比也是比例。再如,产品可分为合格品与不合格品,合格品(或不合格品)与全部产品总数之比就是比例。

设总体有 N 个元素,具有某种属性的元素个数为 N_0,具有另一种属性的元素个数为 N_1,总体比例用 π 表示,则有 $\pi = N_0/N$,或有 $N_1/N = 1-\pi$。相应地,样本比例用 p 表示,同样有 $p = n_0/n$,$n_1/n = 1-p$。

从一个总体中重复选取样本量为 n 的样本,由样本比例的所有可能取值形成的分布就是样本比例的概率分布。统计证明,当样本量很大时(通常要求 $np \geq 10$ 和 $n(1-p) \geq 10$),样本比例分布与正态分布近似,p 的期望值 $E(p) = \pi$,方差为 $\sigma_p^2 = \dfrac{\pi(1-\pi)}{n}$,即 $p \sim N(\pi, \dfrac{\pi(1-\pi)}{n})$,等价地有 $\dfrac{p-\pi}{\sqrt{\pi(1-\pi)/n}} \sim N(0, 1)$。

2. 样本方差的分布

统计证明,对于来自正态总体的简单随机样本,比值 $(n-1)s^2/\sigma^2$ 服从自由度为 $n-1$ 的 χ^2(卡方分布),即

$$\chi^2 = \frac{(n-1)s^2}{\sigma^2} \sim \chi^2(n-1)$$

6.1.4 统计量的标准误

统计量的标准误(standard error)是指统计量分布的标准差,也称标准误差。标准误用于衡量样本统计量的离散程度,在参数估计和假设检验中是衡量样本统计量与总体参数之间差距的一个重要尺度。样本均值的标准误用 $\sigma_{\bar{x}}$ 或 SE 表示,计算公式为:

$$\sigma_{\bar{x}} = \frac{\sigma}{\sqrt{n}} \tag{6-1}$$

当总体标准差 σ 未知时,可用样本标准差 s 代替计算,这时计算的标准误也称估计标准误(standard error of estimation)。由于实际应用中总体 σ 通常是未知的,所计算的标准误实际上都是估计标准误,因此估计标准误就简称为标准误(统计软件中得到的都是估计标准误)。

相应地,样本比例的标准误可表示为:

$$\sigma_p = \sqrt{\frac{\pi(1-\pi)}{n}} \tag{6-2}$$

当总体比例的方差 $\pi(1-\pi)$ 未知时,可用样本比例的方差 $p(1-p)$ 代替。

标准误与第 5 章介绍的标准差是两个不同的概念。标准差是根据原始观测值计算的,反映一组原始数据的离散程度;而标准误是根据样本统计量计算的,反映统计量的离散程序。

6.2 参数估计的原理

参数估计（parameter estimation）是用样本统计量去估计总体的参数。比如，用样本均值 $\bar{x}$ 估计总体均值 μ，用样本比例 p 估计总体比例 π，用样本方差 s^2 估计总体方差 σ^2。如果将总体参数用符号 θ 表示，用于估计参数的统计量用 $\hat{\theta}$ 表示，当用 $\hat{\theta}$ 估计 θ 时，也称估计量（estimator），而根据一个具体的样本计算出来的估计量的数值称为估计值（estimate）。比如，要估计某高校学生人均月网购支出额，从该校抽取一定数量的学生组成随机样本，这里"某高校所有学生人均月网购支出额"就是参数，用 θ 表示，根据样本计算的人均月网购支出额 $\bar{x}$ 就是一个估计量，用 $\hat{\theta}$ 表示。假定样本人均月网购支出额为 1 000 元，这个 1 000 元就是估计量的具体数值，称为估计值。

6.2.1 点估计与区间估计

参数估计有点估计和区间估计两种方法。

1. 点估计

点估计（point estimate）就是将估计量 $\hat{\theta}$ 的某个取值直接作为总体参数 θ 的估计值。比如，将样本均值 $\bar{x}$ 直接作为总体均值的估计值，将样本比例 p 直接作为总体比例 π 的估计值，样本方差 s^2 直接作为总体方差 σ^2 的估计值，等等。假定要估计某高校学生人均月网购支出额，根据抽出的一个随机样本计算的人均月网购支出额为 1 000 元，将 1 000 元作为该校所有学生人均月网购支出额的一个估计值，这就是点估计。再比如，要估计某一批次食品的合格率，根据抽样计算的合格率为 100%，将 100% 直接作为这批食品合格率的估计值，这也是点估计。

由于样本是随机抽取的，因此由一个具体的样本得到的估计值很可能不同于总体参数。点估计的缺陷是无法给出估计的可靠性，也无法说出点估计值与总体参数真实值接近的程度，因为一个点估计量的可靠性是由其抽样分布的标准误来衡量的。因此，不能完全依赖于点估计值，而应围绕点估计值构造出总体参数的一个区间。

2. 区间估计

假定参数是射击中靶心的位置，进行一次射击（一个点估计），打在靶心位置上的可能性很小，但打在靶子上的可能性很大。用打在靶上的这个点画出一个区域，这个区域包含靶心的可能性就很大。区间估计寻找的正是这样一个区域。

区间估计（interval estimate）是在点估计的基础上给出总体参数估计的一个估计区间，该区间通常是由样本统计量加减估计误差（estimate error）得到的。与点估计不同，进行区间估计时，根据样本统计量的抽样分布，可以对统计量与总体参数的接近程度给出一个概率度量。下面以总体均值的区间估计为例来说明区间估计的基本原理。

由样本均值的抽样分布可知，在重复抽样或无限总体抽样的情况下，样本均值的期望值等于总体均值，即 $E(\bar{x}) = \mu$，样本均值的标准误为 $\sigma_{\bar{x}} = \sigma/\sqrt{n}$。由此可知，样本均值 $\bar{x}$ 落在总体均值 μ 的两侧各 1 个标准误范围内的概率为 0.682 7；落在 2 个标准误范围内的概率为 0.954 5；落在 3 个标准误范围内的概率为 0.997 3。实际上，可以求出样本均值 $\bar{x}$ 落在总体

均值 μ 的两侧任何倍数的标准误范围内的概率。比如，样本均值 $\bar{x}$ 落在总体均值的两侧 1.65 倍标准误、1.96 倍标准误和 2.58 倍标准误范围内的概率分别为 90%、95% 和 99%。这意味着，约有 90%、95% 和 99% 的样本均值会落在 μ 的两侧各 1.65 个标准误、1.96 个标准误和 2.58 个标准误的范围内。

但实际估计时，情况恰好相反。$\bar{x}$ 是已知的，而 μ 是未知的，也正是要估计的。由于 $\bar{x}$ 与 μ 的距离是对称的，因此如果某个 $\bar{x}$ 落在 μ 的 1.96 个标准差范围内，那么 μ 也被包括在以 $\bar{x}$ 为中心两侧 1.96 个标准误的范围内。这意味着，约 95% 的样本均值所构造的 1.96 个标准误的区间会包括 μ。举例来说，如果抽取 100 个样本来估计总体均值，由 100 个样本所构造的 100 个区间中，约有 95 个区间包含总体均值，另外 5 个区间则不包含总体均值。区间估计示意如图 6-3 所示。

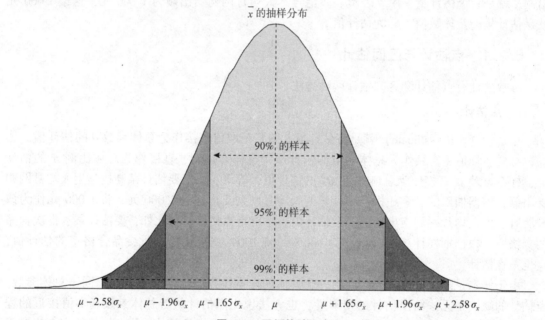

图 6-3　区间估计示意

在区间估计中，由样本估计量构造出的总体参数在一定置信水平下的估计区间称为置信区间（confidence interval）。其中，区间的最小值称为置信下限，最大值称为置信上限。由于统计学家在某种程度上确信这个区间会包含真正的总体参数，因此给它取名为置信区间。假定抽取 100 个样本构造出 100 个置信区间，这 100 个区间中有 95% 的区间包含总体参数的真值，有 5% 没包含，则 95% 这个值称为置信水平（confidence level）。一般地，将构造置信区间的步骤重复多次，置信区间中包含总体参数真值的次数所占的比例称为置信水平，也称置信度或置信系数（confidence coefficient）。统计上，常用的置信水平有 90%、95% 和 99%。置信区间示意如图 6-4 所示。

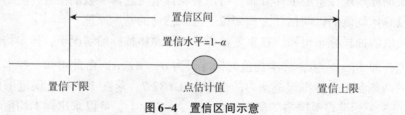

图 6-4　置信区间示意

如果用某种方法构造的所有区间中有 $(1-\alpha)\%$ 的区间包含总体参数的真值，$\alpha\%$ 的区间不包含总体参数的真值，那么用该方法构造的区间称为置信水平为 $(1-\alpha)\%$ 的置信区间。如果 $\alpha=5\%$，那么 $(1-\alpha)\%=95\%$，称为置信水平为 95% 的置信区间。

由于总体参数的真值是固定的，而用样本构造的估计区间是不固定的，因此置信区间是一个随机区间，它会因样本的不同而变化，而且不是所有的区间都包含总体参数。在实际估计时，往往只抽取一个样本，此时所构造的是与该样本相联系的一定置信水平（比如 95%）下的置信区间。我们只能希望这个区间是大量包含总体参数真值的区间中的一个，但它也可能是少数几个不包含总体参数真值的区间中的一个。比如，从一个均值（μ）为 50、标准差为 5 的正态总体中，抽取 $n=10$ 的 100 个随机样本，得到 μ 的 100 个 95% 的置信区间。重复构造出的 100 个置信区间如图 6-5 所示。

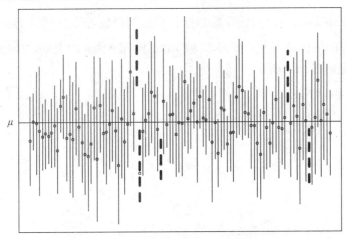

图 6-5　重复构造出的 100 个置信区间

图 6-5 中每个区间中间的点表示 μ 的点估计，即样本均值 $\bar{x}$。可以看出，100 个区间中有 95 个区间包含总体均值，有 5 个区间（用粗虚线表示的置信区间）没有包含总体均值，因此称该区间为置信水平为 95% 的置信区间。但要注意的是，95% 的置信区间不是指任意一次抽取的 100 个样本就恰好有 95 个区间包含总体均值，而是指反复抽取的多个样本中包含总体参数区间的比例。这 100 个置信区间可能都包含总体均值，也可能有更多的区间未包含总体均值。实际估计只抽取了一个样本，由该样本所构造的区间是一个常数区间，我们无法知道这个区间是否包含总体参数的真值，因为它可能是包含总体均值的 95 个区间中的一个，也可能是未包含总体均值的 5 个区间中的一个。因此，一个特定的区间总是"绝对包含"或"绝对不包含"参数的真值，不存在"以多大的概率包含总体参数"的问题。置信水平只是说明在多次估计得到的区间中大概有多少个区间包含了参数的真值，而不是针对所抽取的这个样本所构建的区间而言的。

从置信水平、样本量和置信区间的关系不难看出，在其他条件不变时，使用一个较高的置信水平会得到一个比较宽的置信区间，使用一个较大的样本则会得到一个较准确（较窄）的区间。换言之，较宽的区间会有更大的可能性包含参数。但实际应用中，过宽的区间往往没有实际意义。比如，天气预报说"下一年的降雨量大于等于 1 mm"，虽然这很有把握，但有什么意义呢？另外，要求过于准确（过窄）的区间同样不一定有意义，因为过窄的区间虽然看上去很准确,但把握性会降低,除非无限制地增加样本量,而现实中样本量总是受限的。由此可见,区间估计总是要给结论留些余地。

6.2.2 评价估计量的标准

用于估计总体 θ 的估计量 $\hat{\theta}$ 有很多,比如,可以将样本均值作为总体均值的估计量,也可以将样本的中位数作为总体均值的估计量,等等。那么,究竟将哪种估计量作为总体参数的估计呢?自然要选择估计效果比较好的估计量。什么样的估计量才算是好的估计量呢?这就需要有一定的评价标准。统计学家给出了评价估计量的一些标准,主要有无偏性、有效性、一致性。

1. 无偏性

无偏性(unbiasedness)是指估计量抽样分布的期望值等于被估计的总体参数。设总体参数为 θ,所选择的估计量为 $\hat{\theta}$,如果 $E(\hat{\theta}) = \theta$,则称 $\hat{\theta}$ 为 θ 的无偏估计量。无偏估计量和有偏估计量的情形如图 6-6 所示。

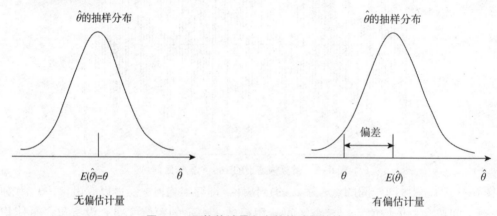

图 6-6 无偏估计量和有偏估计量的情形

由样本均值的抽样分布可知,$E(\bar{x}) = \mu$,$E(p) = \pi$,$E(s^2) = \sigma^2$,因此 $\bar{x}$、p、s^2 分别是总体均值 μ、总体比例 π、总体方差 σ^2 的无偏估计量。

2. 有效性

有效性(efficiency)是指估计量的方差大小。一个无偏的估计量并不意味着它就非常接近被估计的总体参数,估计量与参数的接近程度是用估计量的方差(或标准误)来度量的。同一总体参数的多个无偏估计量中,有更小方差的估计量更有效。假定有两个估计总体参数的无偏估计量,分别用 $\hat{\theta}_1$ 和 $\hat{\theta}_2$ 表示,它们的方差分别用 $D(\hat{\theta}_1)$ 和 $D(\hat{\theta}_2)$ 表示,如果 $\hat{\theta}_1$ 的方差小于 $\hat{\theta}_2$ 的方差,即 $D(\hat{\theta}_1) < D(\hat{\theta}_2)$,就认为 $\hat{\theta}_1$ 是比 $\hat{\theta}_2$ 更有效的估计量。在无偏估计的条件下,估计量的方差越小,估计就越有效。两个无偏估计量 $\hat{\theta}_1$ 和 $\hat{\theta}_2$ 的抽样分布如图 6-7 所示。从图 6-7 中可以看出,$\hat{\theta}_1$ 的方差比 $\hat{\theta}_2$ 的方差小,因此 $\hat{\theta}_1$ 的值比 $\hat{\theta}_2$ 的值更接近总体参数,表明 $\hat{\theta}_1$ 是比 $\hat{\theta}_2$ 更有效的估计量。

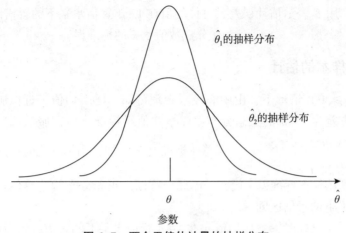

图 6-7　两个无偏估计量的抽样分布

3. 一致性

一致性（consistency）是指随着样本量的无限增大，统计量收敛于所估计总体的参数。换言之，一个大样本给出的估计量更接近总体参数。由于样本均值的标准误 $\sigma_{\bar{x}} = \sigma/\sqrt{n}$ 与样本量大小有关，样本量越大，$\sigma_{\bar{x}}$ 的值就越小，因此可以说，大样本量给出的估计量很接近总体均值 μ。从这个意义上说，样本均值是总体均值的一个一致估计量。两个不同样本量的抽样分布如图 6-8 所示。

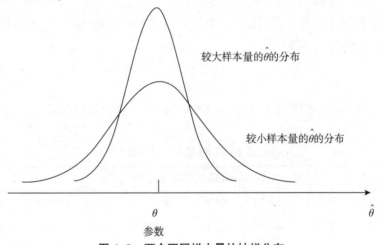

图 6-8　两个不同样本量的抽样分布

6.3　单个总体均值的区间估计

在对总体均值进行区间估计时，需要考虑总体是否服从正态分布，总体方差是否已知，用于估计的样本是大样本（$n \geq 30$）还是小样本（$n < 30$）等情况。但不管是哪种情况，总体均值的置信区间都是由样本均值加减估计误差得到的。那么，怎样计算估计误差呢？估计误差由两部分组成：一是点估计量的标准误，它取决于样本统计量的抽样分布；二是估计过程中所要求的置信水平为 $1-\alpha$，统计量分布两侧面积各为 $\dfrac{\alpha}{2}$ 时的分位数值，它取决于事先所

要求的可靠程度。用 E 表示估计误差，总体均值在 $1-\alpha$ 置信水平下的置信区间一般表示为：

$$\bar{x} \pm E = \bar{x} \pm (\text{分位数值} \times \bar{x} \text{的标准误}) \tag{6-3}$$

6.3.1 大样本的估计

在大样本（$n \geq 30$）情形下，由中心极限定理可知，样本均值 $\bar{x}$ 近似服从期望值为 μ、方差为 σ^2/n 的正态分布。样本均值经标准化后则服从标准正态分布，即 $z = \dfrac{\bar{x}-\mu}{\sigma/\sqrt{n}} \sim N(0,1)$。若总体标准差 σ 已知，则标准化时使用 σ；若 σ 未知，则用样本标准差 s 代替。因此，可以由正态分布构建总体均值在 $1-\alpha$ 置信水平下的置信区间。

总体均值的区间估计（大样本）

当总体标准差 σ 已知时，总体均值 μ 在 $1-\alpha$ 置信水平下的置信区间为：

$$\bar{x} \pm z_{\frac{\alpha}{2}} \frac{\sigma}{\sqrt{n}} \tag{6-4}$$

式中，$\bar{x} - z_{\frac{\alpha}{2}} \dfrac{\sigma}{\sqrt{n}}$ 表示置信下限，$\bar{x} + z_{\frac{\alpha}{2}} \dfrac{\sigma}{\sqrt{n}}$ 表示置信上限；α 是事先确定的一个概率值，表示总体均值不包括在置信区间中的概率；$1-\alpha$ 表示置信水平，α 表示显著性水平；$z_{\frac{\alpha}{2}}$ 表示标准正态分布两侧面积各为 $\dfrac{\alpha}{2}$ 时的分位数值；$z_{\frac{\alpha}{2}} \dfrac{\sigma}{\sqrt{n}}$ 表示估计误差 E。

当总体标准差 σ 未知时，式（6-4）中的 σ 可以用样本标准差 s 代替，这时总体均值 μ 在 $1-\mu$ 置信水平下的置信区间为：

$$\bar{x} \pm z_{\frac{\alpha}{2}} \frac{s}{\sqrt{n}} \tag{6-5}$$

【例6-2】 从某批面粉中随机抽取 40 袋进行检测，得到每袋的重量。40 袋面粉的重量如表6-2所示。

表6-2 40袋面粉的重量　　　　　　　　　　　　　　单位：千克

40袋面粉的重量									
49.5	50.8	50.9	50.5	49.6	49.5	48.9	50.3	50.3	49.6
49.8	48.2	47.7	49.0	52.0	51.3	50.8	52.1	52.2	49.5
51.0	48.1	47.7	47.6	52.1	51.8	49.9	50.1	50.6	50.1
50.2	47.0	53.0	51.2	52.5	47.5	48.5	47.7	46.2	50.6

估计该批面粉平均重量的 95% 的置信区间。

（1）假定总体标准差为 6 克。

（2）假定总体标准差未知。

解：（1）已知 $\sigma = 6$，$n = 40$，$1-\alpha = 95\%$，由 Excel 中的 "NORM.S.INV" 函数得 $z_{\frac{\alpha}{2}} =$ NORM.S.INV(0.975) = 1.95996。由样本数据计算得 $\bar{x} = 49.9$ 千克。根据式（6-4）得：

$$\bar{x} \pm z_{\frac{\alpha}{2}} \frac{\sigma}{\sqrt{n}} = 49.9 \pm 1.96 \times \frac{6}{\sqrt{40}} = 49.9 \pm 1.86$$

即（48.04，51.76），该批面粉平均重量的95%的置信区间为48.04~51.76千克。

（2）由于总体标准差未知，因此需要用样本标准差代替。由样本数据计算得 $s=1.66$。根据式（6-5）得：

$$\bar{x} \pm z_{\frac{\alpha}{2}} \frac{s}{\sqrt{n}} = 49.9 \pm 1.96 \times \frac{1.66}{\sqrt{40}} = 49.9 \pm 0.51$$

即（49.39，50.41），该批面粉平均重量的95%的置信区间为49.39~50.41千克。

在大样本情形下，估计误差 E 可以由 Excel 中的"CONFIDENCE.NORM"函数求得，语法为：CONFIDENCE.NORM（alpha，standard_dev，size）。其中，alpha 为显著性水平，1-alpha 为置信水平；standard_dev 为已知的总体标准差（未知时用样本标准差代替）；size 为样本量。例如，CONFIDENCE.NORM（0.05，6，40）=1.86。用样本标准差代替时有 CONFIDENCE.NORM（0.05，1.66，40）=0.51，与手工计算结果相同。

6.3.2 小样本的估计

在小样本（$n<30$）情形下，对总体均值的估计都建立在总体服从正态分布的假定前提下。如果正态总体的 σ 已知，样本均值经标准化后仍然服从标准正态分布，此时可根据正态分布使用式（6-4）建立总体均值的置信区间。如果正态总体的 σ 未知，则用样本标准差 s 代替，这时样本均值经过标准化后服从自由度为 $n-1$ 的 t 分布，即 $t = \frac{\bar{x}-\mu}{s/\sqrt{n}} \sim t(n-1)$。因此需要使用 t 分布构建总体均值的置信区间。

总体均值的区间估计（小样本）

t 分布是类似于标准正态分布的一种对称分布，但它的分布曲线通常要比标准正态分布曲线平坦和分散。一个特定的 t 分布依赖于称为自由度的参数。随着自由度的增大，t 分布也逐渐趋于标准正态分布。不同自由度的 t 分布与标准正态分布的比较如图6-9所示。

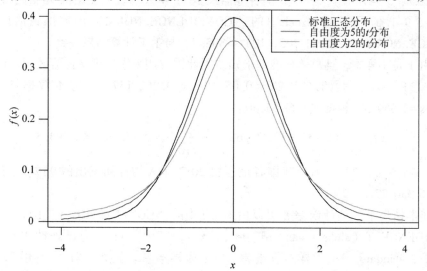

图6-9 不同自由度的 t 分布与标准正态分布的比较

在 $1-\alpha$ 置信水平下，总体均值的置信区间为：

$$\bar{x} \pm t_{\frac{\alpha}{2}} \frac{s}{\sqrt{n}} \tag{6-6}$$

【例 6-3】 从全国随机抽取 10 个省,得知 2017 年 10 个省人均食品支出,如表 6-3 所示。

表 6-3　2017 年 10 个省人均食品支出

地区	人均食品支出/元	地区	人均食品支出/元
河北	3 912.8	广东	8 317.0
吉林	4 144.1	四川	5 632.2
浙江	7 750.8	山东	4 715.1
江西	4 626.1	云南	3 838.4
湖北	5 098.4	山西	3 324.8

资料来源:《中国统计年鉴(2018)》。

假定人均食品支出服从正态分布,要求建立全国各地居民 2017 年人均食品支出 95% 的置信区间。

(1) 假定总体标准差为 1 300 元。

(2) 假定总体标准差未知。

解:(1) 虽然为小样本,但总体方差已知,因此可按式(6-4)计算置信区间。由 Excel 中的 "NORM.S.INV" 函数得:$z_{\frac{\alpha}{2}}$ = NORM.S.INV(0.975) = 1.959 96。由样本数据计算得:$\bar{x}$ = 5 135.97。根据式(6-4)得:

$$\bar{x} \pm z_{\frac{\alpha}{2}} \frac{\sigma}{\sqrt{n}} = 5\ 135.97 \pm 1.959\ 96 \times \frac{1\ 300}{\sqrt{10}} = 5\ 135.97 \pm 805.7$$

即(4 330.27, 5 941.67),所以我国各地居民 2017 年人均食品支出的 95% 的置信区间为 4 330.27~5 941.67 元。由 Excel 中的 "CONFIDENCE.NORM" 函数得到估计误差 E = CONFIDENCE.NORM(0.05, 1 300, 10) = 805.7,与手工计算结果一致。

(2) 由于是小样本,且总体标准差未知,因此需要用 t 分布建立置信区间。由 Excel 中的 "T.INV.2T" 函数得:T.INV.2T(0.05, 9) = 2.262 157。由样本数据计算得:$\bar{x}$ = 5 135.97, s = 1 669.5。根据式(6-6)得:

$$\bar{x} \pm t_{\frac{\alpha}{2}} \frac{s}{\sqrt{n}} = 5\ 135.97 \pm 2.262 \times \frac{1\ 669.5}{\sqrt{10}} = 5\ 135.97 \pm 1\ 194.3$$

即(3 941.67, 6 330.27),所以我国各地居民 2017 年人均食品支出的 95% 的置信区间为 3 941.67~6 330.27 元。

在小样本情形下,估计误差 E 可以由 Excel 中的 "CONFIDENCE.T" 函数求得,语法为:CONFIDENCE.T(alpha, standard_dev, size)。其中,alpha 为显著性水平,1−alpha 为置信水平,standard_dev 为样本标准差,size 为样本量。例如,对于上述问题(2)有 CONFIDENCE.T(0.05, 1 669.5, 10) = 1 194.3,与手工计算结果相同。

不同情况下,总体的区间估计如表 6-4 所示。

表 6-4　不同情况下总体的区间估计

总体分布	样本量	σ 已知	σ 未知
正态分布	大样本（$n \geq 30$）	$\bar{x} \pm z_{\frac{\alpha}{2}} \frac{\sigma}{\sqrt{n}}$	$\bar{x} \pm z_{\frac{\alpha}{2}} \frac{s}{\sqrt{n}}$
	小样本（$n < 30$）	$\bar{x} \pm z_{\frac{\alpha}{2}} \frac{\sigma}{\sqrt{n}}$	$\bar{x} \pm t_{\frac{\alpha}{2}} \frac{s}{\sqrt{n}}$
非正态分布	大样本（$n \geq 30$）	$\bar{x} \pm z_{\frac{\alpha}{2}} \frac{\sigma}{\sqrt{n}}$	$\bar{x} \pm z_{\frac{\alpha}{2}} \frac{s}{\sqrt{n}}$

6.4　单个总体比例的区间估计

这里只讨论大样本（$np \geq 10$ 和 $n(1-p) \geq 10$）情形下总体比例的估计问题。由样本比例 p 的抽样分布可知，当样本量足够大时，比例 p 近似服从期望值为 $E(p) = \pi$、方差为 $\sigma_p^2 = \frac{\pi(1-\pi)}{n}$ 的正态分布。样本比例经标准化后则服从标准正态分布，即 $z = \frac{p - \pi}{\sqrt{\pi(1-\pi)/n}} \sim N(0, 1)$。因此，可由正态分布

总体比例的
区间估计

建立总体比例的置信区间。与总体均值的区间估计类似，总体比例的置信区间是 π 的点估计值 p 加减估计误差得到的。用 E 表示估计误差，π 在 $1-\alpha$ 置信水平下的置信区间一般表示为：

$$p \pm E = p \pm （分位数值 \times p \text{ 的标准误}） \tag{6-7}$$

因此，总体比例 π 在 $1-\alpha$ 置信水平下的置信区间为：

$$p \pm z_{\frac{\alpha}{2}} \sqrt{\frac{p(1-p)}{n}} \tag{6-8}$$

式中，$z_{\frac{\alpha}{2}}$ 表示标准正态分布上两侧面积各为 $\frac{\alpha}{2}$ 时的 z 值；$z_{\frac{\alpha}{2}} \sqrt{\frac{p(1-p)}{n}}$ 表示估计误差 E。

【例6-4】 2018年9月，某市食品药品监督管理局针对中秋节令食品，组织开展了市"中秋月饼"专项监督抽检工作，共抽检月饼检品（含馅料）280 批次。其中，270 批次检验结果合格，10 批次检验结果不合格，合格率为 96.4%。用 95% 的置信水平估计全市所有月饼合格率的置信区间。

解：由 Excel 中的"NORM. S. INV"函数得：NORM. S. INV（0.975）= 1.959 96。根据式（6-8）得：

$$96.4\% \pm 1.959\,96 \times \sqrt{\frac{96.4\% \times (1 - 96.4\%)}{280}} = 96.4\% \pm 2.18\%$$

即（94.22%，98.58%）。在 95% 的置信水平下，全市所有月饼合格率的置信区间为 94.22% ~ 98.58%。

6.5 单个总体方差的区间估计

估计总体方差时,首先假定总体服从正态分布。其原理与总体均值和总体比例区间估计不同,不再是点估计量±估计误差。因为样本方差的抽样分布服从自由度为 $n-1$ 的 χ^2 分布,因此需要用 χ^2 分布构造总体方差的置信区间。

总体方差的
区间估计

n 个独立标准正态随机变量平方和的分布称为具有 n 个自由度的 χ^2 分布,记为 $\chi^2(n)$。$\chi^2(n)$ 分布的形状取决于其自由度 n 的大小,通常为不对称右偏分布,但随着自由度的增长逐渐趋于对称。不同自由度的 χ^2 分布如图 6-10 所示。

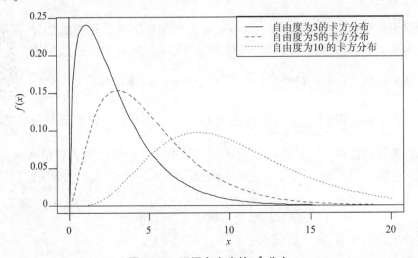

图 6-10　不同自由度的 χ^2 分布

由于 χ^2 分布是不对称分布,无法由点估计值±估计误差得到总体方差的置信区间。怎样构造总体方差的置信区间呢?若给定置信水平 $(1-\alpha)\%$,用 χ^2 分布构造总体方差 σ^2 的置信区间如图 6-11 所示。

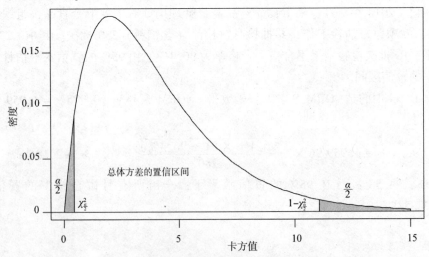

图 6-11　总体方差 $(1-\alpha)\%$ 的置信区间

由图 6-11 可以看出，建立总体方差 σ^2 的置信区间，也就是要找到一个 χ^2 值，使其满足 $\chi^2_{\frac{\alpha}{2}} \leqslant \chi^2 \leqslant \chi^2_{1-\frac{\alpha}{2}}$，由于 $\frac{(n-1)s^2}{\sigma^2} \sim \chi^2(n-1)$，因此可用它来代替 χ^2，于是有：

$$\chi^2_{\frac{\alpha}{2}} \leqslant \frac{(n-1)s^2}{\sigma^2} \leqslant \chi^2_{1-\frac{\alpha}{2}} \tag{6-9}$$

根据式（6-9）可推导出总体方差 σ^2 在 $(1-\alpha)\%$ 置信水平下的置信区间为：

$$\frac{(n-1)s^2}{\chi^2_{1-\frac{\alpha}{2}}} \leqslant \sigma^2 \leqslant \frac{(n-1)s^2}{\chi^2_{\frac{\alpha}{2}}} \tag{6-10}$$

总体标准差 σ 在 $(1-\alpha)\%$ 置信水平下的置信区间则为：

$$\sqrt{\frac{(n-1)s^2}{\chi^2_{1-\frac{\alpha}{2}}}} \leqslant \sigma \leqslant \sqrt{\frac{(n-1)s^2}{\chi^2_{\frac{\alpha}{2}}}} \tag{6-11}$$

【例 6-5】 沿用"例 6-3"的数据。以 95% 的置信水平建立全国居民 2017 年人均食品支出标准差的置信区间。

解：根据样本数据计算的样本方差 $s^2 = 278\,722\,4.2$。显著性水平 $\alpha = 0.05$，自由度 $n-1 = 10-1 = 9$。由 Excel 中的"CHISQ.INV"函数得：χ^2 分布的左尾临界值 $\chi^2_{\frac{\alpha}{2}} = \chi^2_{0.025}(9) =$ CHISQ.INV（0.025，9）= 2.700 389；右尾临界值 $\chi^2_{0.025}(9) =$ CHISQ.INV.RT（0.025，9）= 19.022 77。

总体方差 σ^2 的置信区间为：

$$\sqrt{\frac{(10-1) \times 2\,787\,224.2}{19.022\,77}} \leqslant \sigma^2 \leqslant \sqrt{\frac{(10-1) \times 2\,787\,224.2}{2.700\,389}}$$

即 $1\,148.3 \leqslant \sigma \leqslant 3\,047.9$。所以在 95% 的置信水平下，我国各地居民 2017 年人均食品支出标准差 95% 的置信区间为 1 148.3~3 047.9 元。说明每个地区居民的人均食品支出与平均支出相比，平均相差 1 148.3~3 047.9 元。

6.6 样本量的确定

在进行参数估计之前，首先应确定一个适当的样本量。究竟应该抽取多大的样本来估计总体参数呢？在一定的样本量下，要提高估计的可靠程度，就需要给出较高的置信水平，以扩大置信区间，但准确性会相应下降。如果想要提高估计的准确性，在不降低置信水平的条件下，就需要增加样本量以缩小置信区间，但样本量的增加也会受到许多限制。通常，样本量的确定与可以容忍的置信区间的宽度及对区间设置的置信水平有一定关系。因此，如何确定一个适当的样本量，也是参数估计中需要考虑的问题。

6.6.1 估计总体均值时样本量的确定

总体均值的置信区间由样本均值 $\bar{x}$ 和估计误差两部分组成。在重复抽样或无限总体抽样条件下，估计误差为 $E = z_{\frac{\alpha}{2}} \frac{\sigma}{\sqrt{n}}$，$z_{\frac{\alpha}{2}}$ 的值和样本量 n 共同确定了估计误差的大小。一旦确定了置信水平 $1-\alpha$，$z_{\frac{\alpha}{2}}$ 的值就确定了。对于给定的 $z_{\frac{\alpha}{2}}$ 的值和总体标准差 σ，可以确定任一允许的估计误差所需的样本量。令 E 代表允许的估计误差，可以推导出所需样本量的计算公式为：

$$n = \frac{(z_{\frac{\alpha}{2}})^2 \sigma^2}{E^2} \tag{6-12}$$

式中，E 值是使用者在给定的置信水平下可以接受的估计误差。如果能求出 σ 的具体值，就可以用上面的公式计算所需的样本量。如果 σ 的值未知，可以用以前相同或类似的样本的标准差来代替；也可以用试验调查的办法，选择一个初始样本，将该样本的标准差作为 σ 的估计值。

从式（6-12）可以看出，样本量与置信水平成正比，在其他条件不变的情况下，置信水平越大，所需的样本量就越大；样本量与总体方差成正比，总体的差异越大，所需的样本量就越大；样本量与估计误差的平方成反比，即允许的估计误差的平方越大，所需的样本量就越小。简言之，要有一个很有把握或精度很高的估计，就需要更大的样本量。

注意，根据式（6-12）计算出的样本量不一定是整数，通常是将样本量取成较大的整数，也就是将小数点后的数值一律进位成整数，如 37.55 取 38，46.12 取 47。

【例 6-6】 取得经济学硕士学位的研究生月薪的标准差大约为 3 000 元，如果想要估计 95% 置信水平下月薪的置信区间，允许的估计误差不超过 500 元，应抽取多大的样本量？

解：已知 $\sigma = 3\,000$，$E = 500$，$z_{\frac{\alpha}{2}} = 1.96$。根据式（6-12）得：

$$n = \frac{(1.96)^2 \times 3\,000^2}{500^2} = 138.3 \approx 139$$

即应抽取 139 人作为样本。

6.6.2 估计总体比例时样本量的确定

与估计总体均值时样本量的确定方法类似，在重复抽样或无限总体抽样条件下，估计总体比例置信区间的估计误差为 $z_{\frac{\alpha}{2}}\sqrt{\frac{\pi(1-\pi)}{n}}$，$z_{\frac{\alpha}{2}}$ 的值、总体比例 π 和样本量 n 共同确定了估计误差的大小。由于总体比例的值是固定的，因此估计误差由样本量确定，样本量越大，估计误差就越小，估计的精度也就越好。对于给定的 $z_{\frac{\alpha}{2}}$ 的值，可以计算出一定的允许估计误差条件下所需的样本量。令 E 代表允许的估计误差，可以推导出估计总体比例时所需的样本量，计算公式为：

$$n = \frac{(z_{\frac{\alpha}{2}})^2 \cdot \pi(1-\pi)}{E^2} \tag{6-13}$$

式中的估计误差 E 由使用者事先确定。大多数情况下，E 的取值一般应小于 0.1。如果能够求出 π 的具体值，就可以用上面的公式计算所需的样本量。如果 π 的值未知，可以用类似的样本比例来代替，也可以用试验调查的办法，选择一个初始样本，将该样本的比例作为 π 的估计值。当 π 的值无法知道时，通常取使 $\pi(1-\pi)$ 最大的值 0.5。

【例 6-7】 根据消费者的反馈，某知名品牌手机合格率约为 92%。现要求估计误差不超过 3%，那么在 95% 的置信区间时，应抽取多少部手机作为样本？

解：已知 $\pi = 92\%$，$E = 3\%$，$z_{\frac{\alpha}{2}} = 1.96$。根据式（6-13）得：

$$n = \frac{1.96^2 \times 0.92 \times (1-0.92)}{0.03^2} = 314.16 \approx 315$$

即应抽取315部手机作为样本。

练习题

1. 为了调查上班族每天在上班路途上花费的时间，在某城市高新区附近随机抽取上班族60人，得到他们每天上班所花费的时间。60名上班族每天上班所花时间如表6-5所示。

表6-5　60名上班族每天上班所花时间　　　　　　　　　　　单位：分钟

60名上班族每天上班所花时间									
70	90	50	45	120	100	40	45	40	50
55	65	75	70	130	150	50	60	50	50
40	45	40	20	144	90	110	116	126	35
45	45	120	100	80	150	125	140	110	120
150	160	110	100	160	80	60	50	60	140
150	140	120	100	90	90	100	130	40	130

计算每天上班平均花费时间的置信区间。

（1）假定总体标准差为30分钟，置信水平为95%。

（2）假定总体标准差未知，置信水平为90%。

2. 同一品牌同一型号电脑在不同购物网站上的销售价格不同，随机抽取10家网站，该电脑的销售价格数据，如表6-6所示。

表6-6　同一品牌同一电脑在10家网站上的销售价格　　　　　　单位：元

同一品牌同一电脑在10家网站上的销售价格									
4 800	4 580	4 480	4 680	4 498	4 598	4 668	4 680	4 780	4 598

计算该电脑平均销售价格的置信区间。

（1）假定总体标准差为90元，置信水平为95%。

（2）假定总体标准差未知，置信水平为90%。

（3）如果想要估计销售价格均值的95%的置信区间，允许的估计误差不超过50元，应抽取多大的样本量？

3. 某居民小区共有居民1 000户，小区管理者想制定宠物管理规定，事先想了解居民是否赞成，采取重复抽样方法随机抽取了100户，其中有65户赞成，35户反对。

（1）求总体中赞成新规定的户数比例的置信区间，置信水平为95%。

（2）如果小区管理者预计赞成的比例能达到80%，要求估计误差不超过10%，应抽取多少户进行调查？

第 7 章

假设检验

> **想一想**
>
> ◆250 毫升盒装的豆奶外包装上标明:胆固醇含量为 0 毫克。你相信包装上的说法吗?如果不相信,你会怎么做?
>
> ◆某中学招生时宣称该校学生考上重点大学的比率大于等于 50%,你相信吗?
>
> ◆针对个税改革方案,随机抽取 50 人调查,结果 90% 的人支持该项改革。你相信这一结果吗?理由是什么?

假设检验是推断统计的另一项重要内容,它与参数估计类似,但角度不同。参数估计是利用样本信息推断未知的总体参数,假设检验则是先对总体参数提出一个假设值,然后利用样本信息判断这一假设是否成立。本章首先介绍假设检验的基本步骤,然后介绍总体均值、总体比例和总体方差的检验方法。

7.1 假设检验的步骤

假设检验的基本思路是:首先对总体提出某种假设,然后抽取样本获得数据,再根据样本提供的信息判断假设是否成立。

7.1.1 提出假设

假设(hypothesis)是对总体的某种看法。在参数检验中,假设是对总体参数的具体数值所作的陈述。比如,不知道某批电池的平均使用寿命是多少,不知道某校学生的升学率是多少,不知道某地区居民月消费支出的标准差是多少,可以事先提出一个假设值。如这批电池的平均使用寿命是 23 小时,某校学生的升学率不低于 90%,某地区居民月消费支出的标准差不超过 1 500 元,这些陈述就是对总体参数提出的假设。

第 7 章 假设检验

假设检验（hypothesis test）是在对总体提出假设的基础上，利用样本信息判断假设是否成立的统计方法。比如，假设某校学生月生活收入的均值是 1 800 元，然后从全校学生中抽取一个样本，根据样本信息检验月平均生活收入是否为 1 800 元，这就是假设检验。

做假设检验时，首先要提出两种假设，即原假设和备择假设。

原假设（null hypothesis）是研究者想收集证据予以推翻的假设，用 H_0 表示。原假设所表达的含义通常是参数没有变化或变量之间没有关系，因此等号"="总是放在原假设上。以总体均值的检验为例，设参数的假设值为 μ_0，原假设总是写成" $H_0: \mu = \mu_0$ "" $H_0: \mu \geq \mu_0$ "或" $H_0: \mu \leq \mu_0$ "。原假设最初被认为是成立的，之后根据样本数据确定是否有足够的证据拒绝原假设。

备择假设（alternative hypothesis）通常是研究者想收集证据予以支持的假设，用 H_1 表示。备择假设所表达的含义通常是总体参数发生了变化或变量之间有某种关系。以总体均值的检验为例，备择假设的形式总是" $H_1: \mu \neq \mu_0$ "" $H_1: \mu < \mu_0$ "或" $H_1: \mu > \mu_0$ "。备择假设通常用于表达研究者自己倾向于支持的看法。研究者想办法收集证据拒绝原假设，以支持备择假设。

如果备择假没有特定的方向，并含有符号"≠"，则称为双侧检验或双尾检验（two-tailed test）；如果备择假设具有特定的方向，并含有符号">"或"<"，则称为单侧检验或单尾检验（one-tailed test）。备择假设含有"<"符号的单侧检验称为左侧检验，备择假设含有">"符号的单侧检验则称为右侧检验。

下面通过几个例子来说明确定原假设和备择假设的大概思路。

【例 7-1】 某家具厂生产的电脑桌的标准长度为 2 米，质量控制人员定期抽查，检验产品质量是否符合标准要求。如果电脑桌的平均长度大于或小于 2 米，表示生产过程不正常，必须进行调整。陈述用来检验生产过程是否正常的原假设和备择假设。

解：设生产的所有电脑桌的平均长度的真值为 μ。若 $\mu=2$，表示生产过程正常，若 $\mu>2$ 或 $\mu<2$，表示生产过程不正常，研究者要检验这两种可能情形中的任何一种。因此，研究者想收集证据予以推翻的假设应该是"生产过程正常"，而想收集证据予以支持的假设是"生产过程不正常"（因为如果研究者事先认为生产过程正常，也就没有必要进行检验了），所以建立的原假设和备择假设应表示如下。

$$H_0: \mu = 2 \text{（生产过程正常）}$$
$$H_1: \mu \neq 2 \text{（生产过程不正常）}$$

【例 7-2】 产品的外包装上都贴有标签，标签上通常标有该产品的性能说明、成分指标等信息。某 380 mL 瓶装饮用矿泉水外包装标签上标明：每 100 mL 钙的含量为 ≥ 15 μg。如果是消费者做检验，应该提出怎样的原假设和备择假设？如果是生产厂家自己做检验，又会提出怎样的原假设和备择假设？

解：设每 100 mL 水中钙的含量均值为 μ。消费者做检验的目的是想寻找证据推翻标签中的说法，即 $\mu \geq 15$ μg（如果对标签中的数值没有质疑，也就没有检验的必要了），想支持的观点则是标签中的说法不正确，即 $\mu < 15$ μg。因此，提出的原假设和备择假设应表示如下。

$$H_0: \mu \geqslant 15 \text{（标签中的说法正确）}$$
$$H_1: \mu < 15 \text{（标签中的说法不正确）}$$

如果是生产厂家自己做检验，自然会想办法支持自己的看法，也就是想寻找证据证明标签中的说法是正确的，即 $\mu > 15$，想推翻的观点则是 $\mu \leqslant 15$，因此，会提出与消费者观点不同（方向相反）的以下原假设和备择假设。

$$H_0: \mu \leqslant 15 \text{（标签中的说法不正确）}$$
$$H_1: \mu > 15 \text{（标签中的说法正确）}$$

【例7-3】 从事微商的人越来越多，有家市场调查公司经调查发现，微商的比例超过10%。为验证这一估计是否正确，该调查公司随机抽取了部分市民进行检验。试陈述用于检验的原假设和备择假设。

解：设微商的比例真值为 π。显然，研究者想收集证据予以支持的假设是"微商的比例超过10%"。因此，建立的原假设和备择假设应表示如下。

$$H_0: \pi \leqslant 10\%$$
$$H_1: \pi > 10\%$$

通过上面的例子可以看出，原假设和备择假设是一个完备事件组，而且相互对立。这意味着，在一项检验中，原假设和备择假设必有一个成立，而且只有一个成立。此外，假设的确定带有一定的主观色彩，因为研究者想推翻的假设和研究者想支持的假设最终仍取决于研究者本人的意向。所以，即使是对同一个问题，也可能由于研究目的不同而提出截然不同的假设。但无论怎样，只要假设的建立符合研究者的最终目的便是合理的。

7.1.2 确定显著性水平

假设检验是根据样本信息做出决策，因此，无论是拒绝还是不拒绝原假设，都有可能犯错误。研究者总是希望能做出正确的决策，但由于决策是建立在样本信息的基础之上，而样本又是随机的，因而就有可能犯错。

原假设和备择假设不能同时成立，决策的结果是要么拒绝原假设，要么不拒绝原假设。决策时总是希望当原假设正确时没有拒绝它，当原假设不正确时拒绝它，但实际上很难保证不犯错误。一种情形是，原假设是正确的却拒绝了它，这时所犯的错误称为第Ⅰ类错误（type Ⅰ error），犯第Ⅰ类错误的概率记为 α，因此也称 α 错误。另一种情形是，原假设是错误的却没有拒绝它，这时所犯的错误称为第Ⅱ类错误（type Ⅱ error），犯第Ⅱ类错误的概率记为 β，因此也称 β 错误。

在假设检验中，只要做出拒绝原假设的决策，就有可能犯第Ⅰ类错误，只要做出不拒绝原假设的决策，就有可能犯第Ⅱ类错误。直观地说，这两类错误的概率之间存在这样的关系：在样本量不变的情形下，要减小 α 就会使 β 增大，而要减小 β 就会使 α 增大，两类错误就像一个跷跷板。人们自然希望犯两类错误的概率都尽可能小，但实际上难以做到。使 α 和 β 同时减小的唯一办法是增加样本量,但样本量的增加又会受许多因素的限制,所以只能在两类错误的发生概率之间进行平衡,将 α 和 β 控制在能够接受的范围内。一般来说,对于一个固定的样本,如果犯第Ⅰ类错误的代价比犯第Ⅱ类错误的代价高,则将犯第Ⅰ类错误的概率定得低些较为合理;反之,则可以将犯第Ⅰ类错误的概率定得高些。那么,检验时先控制哪类错误呢?一般来说,发生哪一类错误的后果更严重,就应该先控制哪类错误发生的概率。但由于犯第Ⅰ类错误的概率可以由研究者事先控制,而犯第Ⅱ类错误的概率相对难以计算,因此在假设检验中,人们往往先控制第Ⅰ类错误的发生概率。

假设检验中,犯第Ⅰ类错误的概率也称显著性水平(level of significance),记为 α。它是人们事先确定的犯第Ⅰ类错误概率的最大允许值。显著性水平 α 越小,犯第Ⅰ类错误的可能性自然就越小,但犯第Ⅱ类错误的可能性也随之增大。在实际应用中,究竟确定一个多大的显著性水平值合适呢?一般情形下,人们认为犯第Ⅰ类错误的后果更严重,因此通常会取一个较小的 α 值(一般要求 α 可以取小于或等于 0.1 的任何值)。英国统计学家费希尔在他的研究中把小概率的标准定为 0.05,所以人们通常选择显著性水平为 0.05 或比 0.05 更小的概率,当然也可以取其他值。实际中常用的显著性水平有 $\alpha = 0.01$,$\alpha = 0.05$,$\alpha = 0.1$。

7.1.3 做出决策

提出具体的假设之后,研究者需要提供可靠的证据来支持他所关注的备择假设。在例 7-2 中,如果想证实产品标签上的说法不属实,即 $H_0: \mu \geq 15$;$H_1: \mu < 15$,抽取一个样本得到的样本均值为 13 μg,你是否拒绝原假设呢?如果样本均值是 18 μg,你是否就不拒绝原假设呢?做出拒绝或不拒绝原假设的依据是什么?传统检验中,决策依据的是样本统计量;现代检验中,人们直接根据样本数据算出犯第Ⅰ类错误的概率,即 P 值(P-value)。检验时做出决策的依据是:原假设成立时小概率事件不应发生,如果小概率事件发生了,就应当拒绝原假设。统计上,通常把 $P \leq 0.1$ 的值统称为小概率。

1. 用统计量决策(传统做法)

传统决策方法是首先根据样本数据计算出用于决策的检验统计量(test statistic)。比如要检验总体均值,我们自然会想到要用样本均值作为判断标准。但样本均值 $\bar{x}$ 是总体均值 μ 的一个点估计量,它并不能直接作为判断的依据,只有经标准化后才能用于度量它与原假设的参数值之间的差异程度。对于总体均值和总体比例的检验,在原假设 H_0 为真的条件下,根据点估计量的抽样分布可以得到标准化检验统计量(standardized test statistic)。其计算公式为:

$$标准化检验统计量 = \frac{点估计量 - 假设值}{点估计量的标准误} \tag{7-1}$$

标准化检验统计量反映了点估计值(比如样本均值)与假设的总体参数(比如假设

的总体均值）相比相差多少个标准误。虽然检验统计量是一个随机变量，随样本观测结果的不同而变化，但只要已知一组特定的样本观测结果，检验统计量的值也就唯一确定了。

有了检验统计量就可以建立决策准则。根据事先设定的显著性水平 α，可以在统计量的分布上找到相应的临界值（critical value）。由显著性水平和相应的临界值围成的一个区域称为拒绝域（rejection region）。如果统计量的值落在拒绝域内就拒绝原假设，否则就不拒绝原假设。拒绝域的大小与设定的显著性水平有关。当样本量固定时，拒绝域随 α 的减小而减小。显著性水平、拒绝域和临界值的关系如图7-1所示。

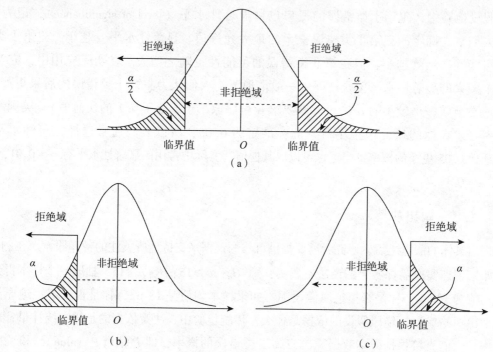

图7-1 显著性水平、拒绝域和临界值的关系

(a) 双侧检验；(b) 左侧检验；(c) 右侧检验

从图7-1可以看出，利用统计量做检验时的决策准则为：在双侧检验中，当｜统计量｜>临界值时，拒绝原假设；在左侧检验中，当统计量的值<-临界值时，拒绝原假设；在右侧检验中，当统计量的值>临界值时，拒绝原假设。

介绍传统的统计量决策方法只是为了帮助理解假设检验的原理，不推荐使用。

2. 用 P 值决策（现代做法）

统计量检验是根据事先设定的显著性水平 α 围成的拒绝域做出决策，不论检验统计量的值是大还是小，只要它落入拒绝域就拒绝原假设，否则就不拒绝原假设。这样，无论统计量落在拒绝域的什么位置，也只能说犯第Ⅰ类错误的概率是 α。但实际上，α 是犯第Ⅰ类错误的上限控制值，统计量落在拒绝域的不同位置，决策时犯第Ⅰ类错误的概率是不同的。如果能把犯第Ⅰ类错误的真实概率算出来，就可以直接用这个概率做出决策，而不需要考虑事先

设定的显著性水平 α。这个犯第 I 类错误的真实概率就是 P 值,它是指当原假设正确时,所得到的样本结果像实际观测结果那么极端或更极端的概率,也称观察到的显著性水平(observed significance level)或实际显著性水平。拒绝原假设时的 P 值与设定的显著性水平 α 的比较如图 7-2 所示。

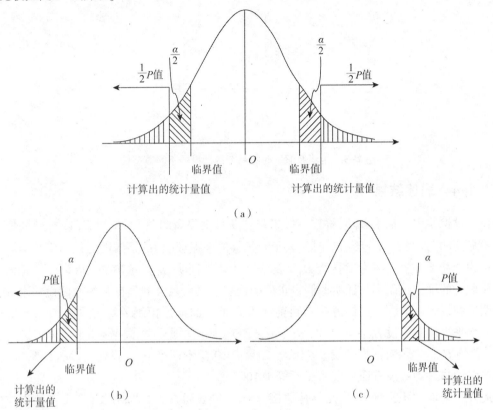

图 7-2 拒绝原假设时的 P 值与设定的显著性水平 α 的比较
(a) 双侧检验;(b) 左侧检验;(c) 右侧检验

用 P 值决策的规则很简单:如果 $P<\alpha$,拒绝 H_0;如果 $P>\alpha$,不拒绝 H_0(双侧检验将两侧面积的总和定义为 P)。

P 值决策优于统计量决策。与传统的统计量决策相比,P 值决策提供了更多的信息。比如,根据事先确定的 α 进行决策时,只要统计量的值落在拒绝域,无论它在哪个位置,拒绝原假设的结论都是一样的(只能说犯第 I 类错误的概率是 α)。但实际上,统计量落在拒绝域不同的地方,实际的显著性是不同的。比如,统计量落在临界值附近与落在远离临界值的地方,实际的显著性有较大差异。而 P 值是根据实际统计量算出的显著性水平,它告诉我们实际的显著性水平。拒绝原假设时的两个统计量的不同显著性如图 7-3 所示。从图 7-3 容易看出统计量决策与 P 值决策的差异。

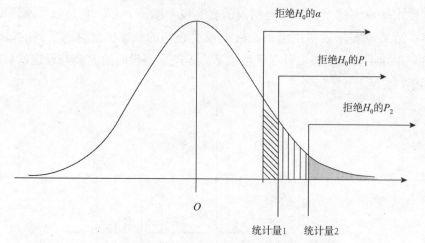

图7-3 拒绝原假设时的两个统计量的不同显著性

7.1.4 表述结果

在假设检验中，拒绝 H_0 时称样本结果是"统计上显著的"；不拒绝 H_0 则称结果是"统计上不显著的"。当 $P<\alpha$ 拒绝 H_0 时，表示有足够的证据证明 H_0 是错误的；当不拒绝 H_0 时，通常不说"接受 H_0"，因为"接受 H_0"的表述隐含了证明 H_0 是正确的。实际上，P 值只是推翻原假设的证据，而不是证明原假设正确的证据。没有足够的证据拒绝原假设并不等于已经证明原假设是真的，它仅仅意味着目前还没有足够的证据拒绝 H_0。比如，在 $\alpha=0.05$ 的显著性水平上检验假设 $H_0: \mu=100$，$H_1: \mu \neq 100$，假定根据样本数据算出的 $P=0.03$，由于 $P<\alpha$，拒绝 H_0，表示有证据表明 $\mu \neq 100$。如果 $P=0.3$ 不拒绝 H_0，我们也没有证明 $\mu=100$，所以将结论描述为：没有证据表明 μ 不等于100。

此外，采取"不拒绝 H_0"而不是"接受 H_0"的表述方法，也规避了第Ⅱ类错误发生的风险，因为"接受 H_0"所得结论的可靠性由第Ⅱ类错误的概率 β 来度量，而 β 的控制又相对复杂，有时根本无法知道 β 的值（除非能确切给出 β，否则就不宜表述成"接受"原假设）。当然，不拒绝 H_0 并不意味着 H_0 为真的概率很高，只意味着拒绝 H_0 需要更多的证据。

7.2 单个总体均值的检验

在对总体均值进行检验时，采用什么检验统计量取决于所抽取的样本是大样本（$n \geq 30$）还是小样本（$n<30$），还需要考虑总体是否服从正态分布、总体方差 σ^2 是否已知等情形。

7.2.1 大样本的检验

在大样本（$n \geq 30$）情形下，样本均值的抽样分布近似服从正态分布，其标准误为 $\sigma/\sqrt{n}$。将样本均值 $\bar{x}$ 标准化后即可得到检验的统计量。由于样本均值标准化后服从标准正态分布，因而采用正态分布的检验统计量。

设假设的总体均值为 μ_0，当总体方差 σ^2 已知时，总体均值检验的统计量为：

总体均值的检验（大样本）

$$z = \frac{\bar{x} - \mu_0}{\sigma/\sqrt{n}} \tag{7-2}$$

当总体方差 σ^2 未知时,可以用样本方差 s^2 来代替,此时总体均值检验的统计量为:

$$z = \frac{\bar{x} - \mu_0}{s/\sqrt{n}} \tag{7-3}$$

【例7-4】 某品牌食用油采用自动生产线生产,每瓶的容量是250毫升,标准差为3毫升。为检验每瓶容量是否符合要求,质检人员在某天生产的食用油中随机抽取50瓶进行检验,测得每瓶平均容量为249.6毫升。要求取显著性水平 $\alpha=0.05$,检验该天生产的食用油容量是否符合标准。

解:此时关心的是食用油容量是否符合标准,也就是 μ 是否为250毫升,大于或小于250毫升都不符合要求,因而属于双侧检验问题。提出的原假设和备择假设如下。

$$H_0: \mu = 250$$
$$H_1: \mu \neq 250$$

检验统计量为:

$$z = \frac{249.6 - 250}{3/\sqrt{50}} = -0.9428$$

检验统计量数值的含义是:与假设的总体均值相比,样本均值相差-0.9428个标准误。利用Excel中的"NORM.S.DIST"函数得到的双尾检验 $P=2\times[1-\text{NORM.S.DIST}(-0.9428,1)]=1.65$,由于 $P>\alpha=0.05$,不拒绝原假设,因此表明样本提供的证据还不足以推翻原假设,因此没有证据表明该天生产的食用油不符合标准要求。

【例7-5】 某品牌饮用天然水包装标签上标示:每升的钙含量≥4毫克。有消费者认为,标签上的说法不属实。为检验消费者的说法是否正确,一家研究机构随机抽取40瓶进行检验,得到的检测结果如表7-1所示。

表7-1 40瓶饮用天然水钙含量的检测数据　　　毫克

饮用天然水钙含量				
3.88	4.10	3.79	4.66	5.01
3.67	4.06	3.88	4.19	4.23
3.85	3.95	3.77	3.96	4.03
3.95	4.35	3.75	4.22	3.90
3.89	3.91	3.69	3.88	3.91
3.98	3.86	3.86	3.88	3.87
3.99	3.94	3.69	4.26	3.79
3.99	3.95	3.94	4.06	3.92

要求检验每升饮用水中的钙含量是否低于4毫克。
(1) 假定总体标准差为0.05克,显著性水平为0.05。
(2) 假定总体标准差未知,显著性水平为0.05。
解:(1) 这里想支持的观点是每升饮用水中的钙含量低于4毫克,也就是 μ 小于4,属于左侧检验。提出的假设如下。

$$H_0: \mu \geq 4 \text{（消费者的说法不正确）}$$
$$H_1: \mu < 4 \text{（消费者的说法正确）}$$

根据样本数据计算得：

$$\bar{x} = 3.9865$$

根据式（7-2）得检验统计量为：

$$z = \frac{3.9865 - 4}{0.05/\sqrt{40}} = -1.708$$

由 Excel 中的"NORM.S.DIST"函数得：

$$P = \text{NQRM.S.DIST}(-1.708, 1) = 0.044$$

由于 $P < \alpha = 0.05$，故拒绝原假设，因此表明每升饮用水中钙含量低于 4 毫克。上述决策过程可用图 7-4 来表示。

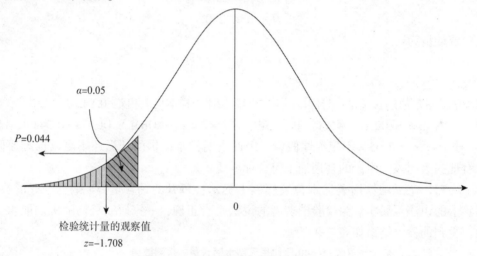

图 7-4 "例 7-5"检验的拒绝域和 P 值

（2）由于总体标准差未知，用样本标准差代替，使用式（7-3）作为检验的统计量。根据样本数据计算得：

$$s = 0.253$$

检验统计量为：

$$z = \frac{3.9865 - 4}{0.253/\sqrt{40}} = -0.337$$

由 Excel 中的"NORM.S.DIST"函数得：

$$P = \text{NORM.S.DIST}(-0.337, 1) = 0.368$$

由于 $P > \alpha = 0.05$，不拒绝原假设，因此没有证据证明每升饮用水中的钙含量低于 4 毫克。

使用 Excel 中的"Z.TEST"函数可以直接得到大样本正态检验的单尾 P 值。函数的语法为"Z.TEST（array, x, sigma）"，其中，array 为数据所在的区域；x 为假设的总体均值；sigma 为已知的总体标准差，当总体标准差未知时，可用样本标准差代替。

假定上面的数据在 Excel 工作表的单元格区域 A2：A41，计算检验 P 值（即用"Z.TEST"函数计算大样本正态检验的 P 值）的操作步骤如下。

第一步,将光标放在任意空白单元格,然后单击"公式"按钮,单击插入函数"*fx*"按钮。

第二步,在"选择类别"下拉列表框中选择"统计"选项,并在"选择函数"列表框中选择"Z.TEST"选项,单击"确定"按钮。

第三步,在"Array"中选择数据所在的区域,在"X"中输入总体的假设值,在"Sigma"中输入已知的总体标准差(未知时可用样本标准差代替)。

第四步,单击"确定",得到右尾概率。用1减去右尾概率即可得到本例的检验 P 值。

在 Excel 工作表的任意单元格输入函数表达式的参数,得到相同的结果。比如,对于问题(1)得到 $P=1-$Z.TEST(A2:A41,4,0.05)=0.044;对于问题(2)得到 $P=1-$Z.TEST(A2:A41,4,0.253)=0.368。与前面得到的结果相同。"函数参数(Z.TEST)"对话框操作如图 7-5 所示。

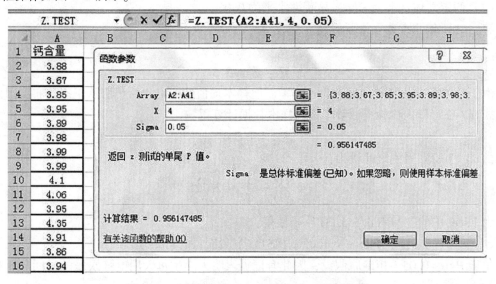

图 7-5 "函数参数(Z.TEST)"对话框操作

7.2.2 小样本的检验

在小样本($n<30$)情形下,检验时首先假定总体服从正态分布(如果无法确定总体是否服从正态分布,可以考虑将样本量增加至 30 以上)。检验统计量的选择与总体方差是否已知有关。

当总体方差 σ^2 已知时,即使是在小样本情形下,样本均值经标准化后仍然服从标准正态分布,此时可按式(7-2)对总体均值进行检验。

当总体方差 σ^2 未知时,需要用样本方差 s^2 代替 σ^2,此时式(7-2)给出的检验统计量不再服从标准正态分布,而是服从自由度为 $n-1$ 的 t 分布。因此,需要采用 t 分布进行检验,通常称为 t 检验。检验的统计量为:

总体均值的检验(小样本)

$$t=\frac{\bar{x}-\mu_0}{s/\sqrt{n}} \tag{7-4}$$

【例7-6】 据某大学负责学生工作的管理者了解，大学生每天使用电脑娱乐的时间超过3.5小时。为此，该管理者随机抽取了16名学生做调查，得到每天使用电脑娱乐的时间，如表7-2表示。

表7-2　16名大学生每天使用电脑娱乐的时间　　　　　　　　　　单位：小时

16名大学生每天使用电脑娱乐的时间							
2.0	2.0	4.0	2.5	1.5	3.5	5.0	4.0
1.5	2.8	3.6	4.4	6.0	5.6	4.8	4.5

假定每天使用电脑娱乐的时间服从正态分布，要求检验大学生每天用电脑娱乐的时间是否显著超过3.5小时。

(1) 假定每天使用电脑娱乐的时间的标准差为0.2小时，显著性水平为0.05。
(2) 假定总体标准差未知，显著性水平为0.05。

解：(1) 依题意建立如下假设。

$$H_0: \mu \leq 3.5$$
$$H_1: \mu > 3.5$$

由于总体标准差已知，虽然为小样本，但样本均值经标准化后仍服从正态分布，因此可使用式（7-2）作为检验统计量。根据样本数据计算得：

$$\bar{x} = 3.606$$

由式（7-2）得到统计量为：

$$z = \frac{3.606 - 3.5}{0.2/\sqrt{16}} = 2.125$$

由Excel中的"NORM.S.DIST"函数得：

$$P = 1 - \text{NORM.S.DIST}(2.125, 1) = 0.0168$$

由于$P < \alpha = 0.05$，拒绝原假设，因此有证据表明大学生每天用电脑娱乐的时间显著超过3.5小时。

(2) 由于总体标准差未知，样本均值经标准化后服从自由度为$n-1$的t分布，因此需要用式（7-4）作为检验统计量。根据样本数据计算得：$s = 1.4313$。

$$t = \frac{3.606 - 3.5}{1.4313/\sqrt{16}} = 0.297$$

由Excel中的"T.DIST.RT"函数得到右尾检验的$P = \text{T.DIST.RT}(0.297, 15) = 0.385$。由于$P > \alpha = 0.05$，不拒绝原假设，因此没有证据表明大学生每天使用电脑娱乐的时间显著超过3.5小时。

由本例的检验结论可以看出，即便是对同一问题，由于给定的检验条件不同，也可能得出不同的结论。本例使用正态分布的检验结果与t检验的结果就不相同。此外，即便使用同一分布进行检验，由于事先设定的显著性水平不同，也可能得出不同结论。

一个总体均值检验的基本流程如图7-6所示。图7-6可作为不同情形下检验统计量选择的总结。

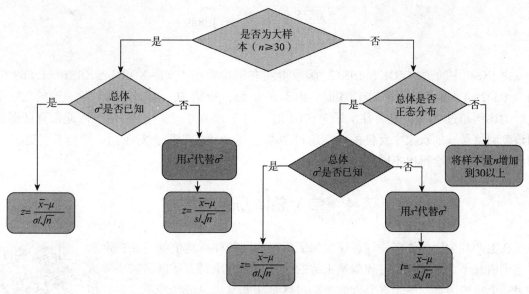

图 7-6 一个总体均值检验的基本流程

7.3 单个总体比例的检验

总体比例的检验程序与总体均值的检验类似，本节只介绍大样本情形下的总体比例检验方法。在构造检验统计量时，仍然利用样本比例 p 与总体比例 π 之间的距离等于多少个标准误 σ_p 来衡量。由于在大样本情形下统计量 p 近似服从正态分布，而样本比例经标准化后近似服从标准正态分布，因此检验的统计量为：

总体比例的检验

$$z = \frac{p - \pi_0}{\sqrt{\dfrac{\pi_0(1-\pi_0)}{n}}} \tag{7-5}$$

【例 7-7】 一家手游公司声称，它们设计的某款手游的玩家中女性超过 70%。为验证这一说法是否属实，该公司管理人员随机抽取了 300 个玩家进行调查，发现有 225 个女性经常玩该款游戏。分别取显著性水平 $\alpha = 0.05$ 和 $\alpha = 0.01$，检验该款手游的玩家中女性的比例是否超过 70%。

解：该公司想证明的是该款游戏的玩家中女性的比例是否超过 70%。因此，提出的原假设和备择假设如下。

$$H_0: \pi \leq 70\%$$
$$H_1: \pi > 70\%$$

根据抽样结果计算得：

$$p = 225/300 = 75\%$$

检验统计量为：

$$z = \frac{0.75 - 0.7}{\sqrt{\frac{0.7 \times (1 - 0.7)}{300}}} = 1.8896$$

由 Excel 中的"NORM. S. DIST"函数得到右尾检验的 $P = 1 - \text{NORM. S. DIST}$（1.8896，1）= 0.0294。显著性水平为 0.05 时，由于 $P<0.05$，拒绝 H_0，因此表明该款手游的玩家中女性的比例超过 70%；显著性水平为 0.01 时，由于 $P>0.01$，不拒绝 H_0，因此没有证据表明该款网络游戏的玩家中女性的比例超过 70%。这个例子表明，对于同一个检验，选择不同的显著性水平会得出不同的结论。

7.4 单个总体方差的检验

在生产和生活的许多领域，仅仅保证所观测到的样本均值维持在特定水平范围内并不意味着整个过程就是正常的，方差的大小是否适度是需要考虑的另一个重要因素。一个方差大的产品自然意味着其质量或性能不稳定。相同均值的产品，方差小的自然要好些。与总体方差的区间估计类似，总体方差的检验也使用 χ^2 分布。此外，进行总体方差的检验，不论样本量 n 是大还是小，都要求总体服从正态分布。假设总体方差为 σ_0^2，检验的统计量为：

$$\chi^2 = \frac{(n-1)s^2}{\sigma_0^2}$$

显著性水平为 α 时双侧检验的临界值和拒绝域如图 7-7 所示，单侧检验的拒绝域在分布一侧的尾部。

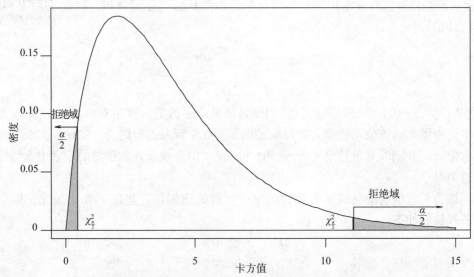

图 7-7 显著性水平为 α 时双侧检验的临界值和拒绝域

【例 7-8】 一家饮料生产企业采用自动生产线灌装饮料，每瓶的装填量为 550 毫升，但由于受某些不可控因素的影响，每瓶的装填量会有差异。此时，不仅每瓶的平均装填量很重要，装填量的方差 σ^2 同样很重要。如果 σ^2 很大，会出现装填量太多或太少的情况，这样，要么生产企业不划算，要么消费者不满意。假定生产标准规定每瓶装填量的标准差不超过 5

毫升。企业质检部门抽取了 15 瓶饮料进行检验，得到样本标准差 $s=4$ 毫升。以 0.05 的显著性水平检验装填量的标准差是否符合要求。

解：依题意提出如下假设。

$$H_0: \sigma^2 \leq 25$$
$$H_1: \sigma^2 > 25$$

检验统计量为：

$$\chi^2 = \frac{(15-1) \times 4^2}{5^2} = 8.96$$

由于本题为右侧检验，需要计算出 χ^2 分布的右尾概率，由 Excel 中的 "CHISQ. DIST. RT" 函数得：

$$P = \text{CHISQ. DIST. RT}(8.96, 14) = 0.8336$$

$P > 0.05$，不拒绝原假设。样本提供的证据不足以推翻原假设，没有证据表明饮料装填量的标准差不符合要求。

练习题

1. 一种运动型饮料脉动的瓶标签上标明：每 100 毫升中维生素 C 的含量 ≥20 毫克。
（1）为验证这一标识是否属实，建立适当的原假设和备择假设。
（2）当拒绝原假设时，会得到什么结论？
（3）当不能拒绝原假设时，会得到什么结论？

2. 对 500 个学生进行的关于使用手机的调查显示，学生平均每天使用手机的时间为 8 小时，标准差为 3 小时。据报道，10 年前学生平均每天使用手机的时间是 6 小时。取显著性水平为 0.01，这个调查能否证明如今学生每天使用手机的平均时间增加了。

3. 一车床工人需要加工各规格的配件，已知加工 1 个配件所需的时间服从正态分布，均值为 21 分钟，标准差为 2.2 分钟。现希望测定，对工作的厌烦是否影响了他的工作效率。测得 32 名工人加工该配件所需时间数据如表 7-3 所示。

表 7-3　32 名工人加工该配件所需时间　　　　　　　　单位：分钟

32 名工人加工该配件所需时间							
20.03	19.89	21.33	21.76	20.55	20.88	19.42	19.05
18.21	19.66	20.44	20.13	20.94	18.98	22.05	20.85
19.97	20.90	23.64	25.89	22.42	19.76	19.32	18.22
23.32	17.11	17.55	24.01	23.33	22.95	21.77	22.88

当显著性水平为 0.05 时，能否认为工人加工该配件所需时间的平均值显著低于过去的平均值。

4. 某工厂的经理主张，新来的雇员在参加某项工作之前至少需要培训 200 小时，才能成为独立工作者。为了检验这一主张的合理性，随机选取 20 名雇员，询问他们独立工作之前所经历的培训时间。20 名雇员独立工作前的培训时间如表 7-4 所示。

表 7-4 20 名雇员独立工作前的培训时间　　　　　　　　　　单位：小时

20 名雇员独立工作前的培训时间				
208	180	232	168	212
208	254	229	230	181
199	213	222	188	189
201	210	195	201	190

（1）检验雇员培训时间的方差是否大于 400 小时，显著性水平为 0.05。

（2）假设雇员的培训时间服从正态分布，检验雇员是否能成为独立工作者：①假设总体方差为 420 小时，$\alpha = 0.01$；②假设总体方差未知，$\alpha = 0.05$。

5. 针对消费者的一项调查表明，19% 的人早餐饮用豆浆。某城市的豆浆生产商认为，该城市居民早餐饮用豆浆的比例更高。为验证这一说法，生产商随机抽取 400 人作为样本，其中有 95 人早餐饮用豆浆。在显著性水平为 0.05 情况下，检验该生产商的说法是否属实。

第 8 章

一元线性回归分析

想一想

◆ 学校饭堂的管理者认为，就餐人数与饭菜价格有关，饭菜价格越高，就餐人数越少。你认为呢？

◆ 用收入来预测支出，应该怎么做？假如支出总是大于收入，用收入预测支出的结果是错误的吗？如果支出误差中只有40%是由收入决定的，预测是哪里出了问题？

研究某些实际问题时往往涉及多个变量。如果着重分析变量之间的关系，就是相关分析；如果想利用变量间的关系建立模型来预测某个特别关注的变量，则属于回归分析。本章首先介绍相关分析，然后介绍一元线性回归分析。

8.1 变量间关系的度量

相关分析的侧重点在于考察变量之间的关系形态，并分析其关系强度。内容主要包括：变量之间是否存在关系；如果存在，它们之间是什么关系；变量之间的关系强度如何；样本所反映的变量之间的关系能否代表总体变量之间的关系。

8.1.1 变量间的关系

身高与体重有关系吗？一个人的收入水平同他的受教育程度有关系吗？学生的出勤率与成绩有关系吗？如果有，又是怎样的关系？怎样度量它们之间关系的强度呢？

从统计角度看，变量之间的关系大体上可分为两种类型，即函数关系和相关关系。函数关系是人们比较熟悉的。设有两个变量 x 和 y，变量 y 随变量 x 一起变化，并完全依赖于 x，当 x 取某个值时，y 依确定的关系取相应的值，则称 y 是 x 的函数，记为 $y=f(x)$。

在实际问题中，有些变量间的关系并不像函数关系那么简单。例如，家庭收入与家庭消费这两个变量之间不存在完全确定的关系。也就是说，收入水平相同的家庭，他们的消费额却不同，而消费额相同的家庭，他们的收入水平也很可能不同。这意味着家庭消费额并不能完全由家庭收入这一个因素确定，还受到商品价格、通货膨胀率等其他因素的影响。正是由于影响一个变量的因素有多个，才造成了它们之间关系的不确定性。变量之间这种不确定的关系称为相关关系（correlation）。

相关关系的特点是：一个变量的取值不能由另一个变量唯一确定，当变量 x 取某个值时，变量 y 的取值可能有多个，或者说，当 x 取某个固定的值时，y 的取值对应着一个分布。

例如，学习成绩（y）与学习时间（x）的关系。一般情形下，学习时间长的学生通常成绩较好。但实际情况不完全这样，因为学习成绩不完全由学习时间这一个因素决定，还受到许多其他因素的影响，比如学习效率、课程数量等，因此二者之间属于相关关系。这意味着学习时间相同的学生，其成绩的取值有多个，即学习时间取某个值时，学习成绩对应着一个分布。

再比如，一个人的收入水平（y）同工龄（x）的关系。收入水平相同的人，工龄可能不同。因为收入水平虽然与工龄有关系，但并不是由工龄这一个因素决定的，还受到受教育年限、业绩水平等诸多因素的影响，二者之间是相关关系。因此，当工龄取某个值时，收入的取值对应着一个分布。

8.1.2 相关关系的描述

描述相关关系的一个常用工具就是散点图（scatter diagram）。对于两个变量 x 和 y，散点图是在二维坐标中画出它们的 n 对数据点（x_i, y_i），并通过这 n 个点的分布、形状等判断两个变量之间是否有关系、相关的方向及大致的关系强度等。不同形态的散点图如图 8-1 所示。

从图 8-1 可以看出，图 8-1（a）和图 8-1（b）是典型的线性相关关系形态，两个变量的观测点分布在一条直线周围，其中图 8-1（a）显示一个变量的数值增加，另一个变量的数值也随之增加，称为正线性相关；图 8-1（b）显示一个变量的数值增加，另一个变量的数值随之减少，称为负线性相关。图 8-1（c）和图 8-1（d）显示两个变量的观测点完全落在直线上，称为完全线性相关（函数关系），其中图 8-1（c）称为完全正相关，图 8-1（d）称为完全负相关。图 8-1（e）显示两个变量之间是非线性关系。图 8-1（f）观测点很分散，无任何规律，表示变量之间没有相关关系。

第8章 一元线性回归分析

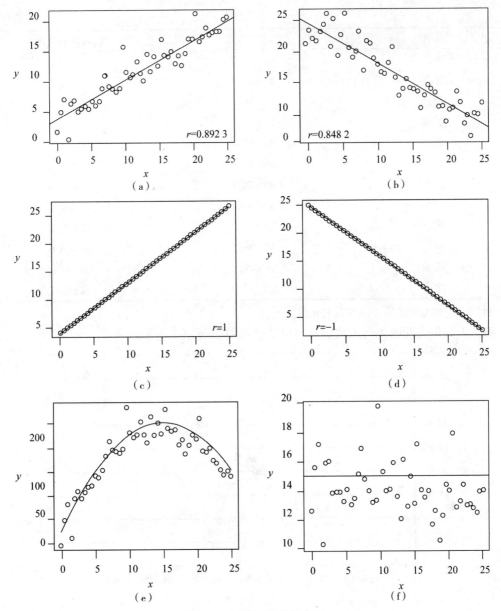

图8-1 不同形态的散点图

(a) 正线性相关；(b) 负线性相关；(c) 完全正线性相关；(d) 完全负线性相关；(e) 非线性相关；(f) 不相关

【例8-1】 为研究我国城镇居民收入与支出之间的关系，从全国31个省、自治区、直辖市中随机抽取15个地区，其2017年城镇居民人均可支配收入与人均消费支出如表8-1所示。绘制散点图描述人均可支配收入与人均消费支出之间的关系。

表8-1 2017年15个地区城镇居民人均可支配收入与人均消费支出　　　单位：元

地区	人均可支配收入	人均消费支出
北京	62 406.3	40 346.3
天津	40 277.5	30 283.6
河北	30 547.8	20 600.3

续表

地区	人均可支配收入	人均消费支出
上海	62 595.7	42 304.3
江苏	43 621.8	27 726.3
浙江	51 260.7	31 924.2
河南	29 557.9	19 422.3
湖北	31 889.4	21 275.6
湖南	33 947.9	23 162.6
广东	40 975.1	30 197.9
广西	30 502.1	18 348.6
重庆	32 193.2	22 759.2
四川	30 726.9	21 990.6
贵州	29 079.8	20 347.8
陕西	30 810.3	20 388.2

资料来源：国家统计局2018年统计年鉴。

解：人均可支配收入与人均消费支出的散点图如图8-2所示。

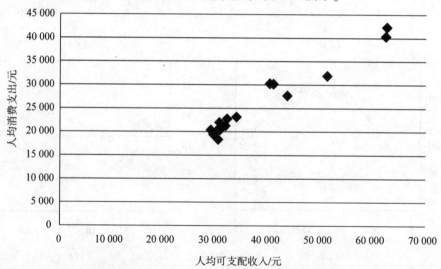

图8-2 人均可支配收入与人均消费支出的散点图

从散点图可以看出，随着城镇居民人均可支配收入的增加，人均消费支出也随之增加，二者的数据点近似分布在一条直线的周围，具有正的线性相关关系。

8.1.3 相关关系的度量

散点图可以判断两个变量之间有无相关关系，并对关系形态做出大致描述，但要准确度量变量间的关系强度，则需要计算相关系数。

相关系数（correlation coefficient）是度量两个变量之间线性关系强度的统计量。样本相关系数记为 r，计算公式为：

相关系数

$$r = \frac{\sum_{i=1}^{n}(x_i - \bar{x})(y_i - \bar{y})}{\sqrt{\sum_{i=1}^{n}(x_i - \bar{x})^2 \cdot \sum_{i=1}^{n}(y_i - \bar{y})^2}} \tag{8-1}$$

按式（8-1）计算的相关系数也称为 Pearson 相关系数（Pearson's correlation）。

相关系数具有如下性质。

（1）r 的取值范围在-1 和+1 之间，即-1≤r≤1。r>0 表明 x 与 y 之间存在正线性相关关系；r<0 表明 x 与 y 之间存在负线性相关关系；|r|=1 表明 x 与 y 之间为完全相关关系（函数关系），其中 r=1 表示 x 与 y 之间为完全正线性相关关系，r=-1 表示 x 与 y 之间为完全负线性相关关系；r=0 表明 x 与 y 之间不存在线性相关关系。

（2）r 具有对称性。x 与 y 之间的相关系数 r_{xy} 和 y 与 x 之间的相关系数 r_{yx} 相等，即 $r_{xy}=r_{yx}$。

（3）r 数值的大小与 x 和 y 的原点及尺度无关。改变 x 和 y 的数据原点或计量尺度，并不改变 r 数值的大小。

（4）r 仅仅是 x 与 y 之间线性关系的一个度量，不能用于描述非线性关系。这意味着，r=0 只表示两个变量之间不存在线性相关关系，并不表明变量之间没有任何关系，比如它们之间可能存在非线性相关关系。当变量之间的非线性相关程度较强时，可能会导致 r=0。因此，当 r=0 或很小时，不能轻易得出两个变量之间没有关系的结论，而应结合散点图做出合理解释。

（5）r 虽然是两个变量之间线性关系的一个度量，却不一定意味着 x 与 y 一定有因果关系。

了解相关系数的性质有助于对其实际意义的解释。根据实际数据计算出的 r，取值一般为-1<r<1。|r|→1 说明两个变量之间的线性关系强；|r|→0 说明两个变量之间的线性关系弱。

【例8-2】 沿用"例8-1"的数据。计算城镇居民人均可支配收入与人均消费支出之间的相关系数，并分析其关系强度。

解：使用 Excel 中的"CORREL"函数或"PEARSON"函数可以计算相关系数，具体的操作步骤如下。

（1）用"CORREL"或"PEARSON"函数计算相关系数。

第一步，将光标放在任意空白单元格，然后单击"公式"按钮，单击插入函数"fx"按钮。

第二步，在"选择类别"下拉列表框中选择"统计"选项，并在"选择函数"列表框中选择"CORREL"或"PEARSON"选项，（两个函数的语法相同），单击"确定"按钮。

第三步，在"Array1"文本框中选择一个变量的数据所在的区域，在"Array2"文本框中选择另一个变量的数据所在的区域。"函数参数（CORREL）"对话框如图 8-3 所示。

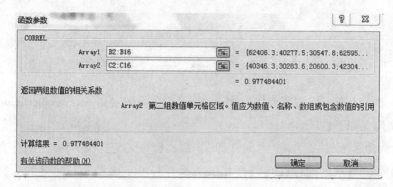

图 8-3 "函数参数（CORREL）"对话框

第四步，单击"确定"，即得到相关系数。

（2）用"数据分析"工具计算相关系数。

用 Excel "数据分析"工具中的"相关系数"可以计算多个变量的相关系数。具体步骤如下。

第一步，将光标放在任意空白单元格，单击"数据"按钮，然后单击"数据分析"按钮。在弹出的对话框中选择"相关系数"选项，单击"确定"按钮。

第二步，在"输入区域(I)："文本框中输入计算相关系数的数据区域，并在"输出区域(O)："文本框中输入结果放置的位置。"相关系数"对话框操作如图 8-4 所示。

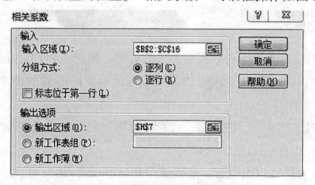

图 8-4 "相关系数"对话框操作

第三步，单击"确定"按钮，得到相关系数。

按上述步骤得到的人均可支配收入与人均消费支出之间的相关系数 $r=0.9775$，表示人均可支配收入与人均消费支出之间有较强的正线性相关，即随着人均可支配收入的增加，人均消费支出也相应增加。

8.2 回归模型及其参数估计

回归分析（regression analysis）重点考察一个特定的变量（因变量），而把其他变量（自变量）看作影响这一变量的因素，并通过适当的数学模型将变量间的关系表达出来，进而通过一个或几个自变量的取值来预测因变量的取值。在回归分析中，只涉及一个自变量时称为一元回归，涉及多个自变量时则称为多元回归。如果因变量与自变量之间是线性关系，则称为线性回归（linear regression）；如果因变量与自变量之间是非线性关系，则称为非线性回归（nonlinear regression）。回归建模的大致思路为：第一步，确定变量间的关系；第二步，确定因变量和自变量，并建立变量间的关系模型；第三步，对模型进行评估和检验；第四步，利用回归方程进行预测；第五步，对回归模型进行诊断。

8.2.1 一元线性回归模型与回归方程

1. 回归模型

进行回归分析时，首先需要确定因变量和自变量，然后确定因变量与自变量之间的关系。在回归分析中，被预测或被解释的变量称为因变量（dependent variable），也称响应变量（response variable），用 y 表示；用来预测或解释因变量的一个或多个变量称为自变量（independent variable），也称解释变量（explaining variable），用 x 表示。例如，在分析人均可支配收入对人均消费支出的影响时，目的是预测一定人均可支配收入条件下的人均消费支出，因此，人均消费支出是被预测的变量，称为因变量，而用来预测人均消费支出的人均可支配收入就是自变量。

建立回归方程

对于具有线性关系的两个变量，可以用一个线性方程来表示它们之间的关系。描述因变量 y 如何依赖于自变量 x 和误差项 ε 的方程称为回归模型（regression model）。只涉及一个自变量的一元线性回归模型可表示为：

$$y = \beta_0 + \beta_1 x + \varepsilon \tag{8-2}$$

式中，β_0 和 β_1 称为模型的参数。

由式（8-2）可以看出，在一元线性回归模型中，y 是 x 的线性函数（$\beta_0 + \beta_1 x$ 部分）加上误差项 ε。$\beta_0 + \beta_1 x$ 反映了由于 x 的变化而引起的 y 的线性变化。ε 是称为误差项的随机变量，它是除 x 和 y 之间的线性关系以外的随机因素对 y 的影响，是不能由 x 和 y 之间的线性关系所解释的 y 的变异。

2. 估计的回归方程

回归模型中的参数 β_0 和 β_1 是未知的，需要用样本数据去估计。当用样本统计量 $\hat{\beta}_0$ 和 $\hat{\beta}_1$ 估计模型中的参数 β_0 和 β_1 时，就得到了估计的回归方程（estimated regression equation），它是对根据样本数据求出的回归方程的估计。对于一元线性回归，估计的回归方程为：

$$\hat{y}_i = \hat{\beta}_0 + \hat{\beta}_1 x \tag{8-3}$$

式中，$\hat{\beta}_0$ 表示估计的回归直线在 y 轴上的截距；$\hat{\beta}_1$ 是直线的斜率，也称回归系数，它表示 x 每变动一个单位时，y 的平均变动量。

8.2.2 参数的最小平方估计

对于 x 和 y 的 n 对观测值，用于描述其关系的直线有多条，究竟用哪条直线来代表两个变量之间的关系呢？我们自然会想到距离各观测点最近的那条直线，用它来代表 x 与 y 之间的关系与实际数据的误差比用其他任何直线都小。德国科学家高斯提出用最小化图中垂直方向的离差平方和来估计参数 β_0 和 β_1,据此确定参数的方法称为最小平方法(method of least squares),也称最小二乘法。它使因变量的观测 y_i 与估计值 $\hat{y}_i$ 之间的离差平均和达到最小,以此来估计 β_0 和 β_1,因此也称参数的最小平方估计。最小平方法示意可用图8-5表示。

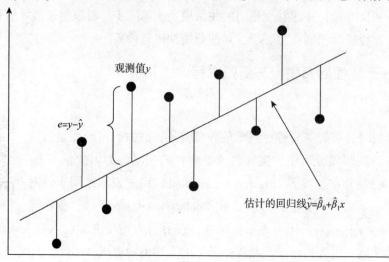

图 8-5 最小平方法示意

用最小平方法拟合的直线有一些优良的性质。首先,根据最小平方法得到的回归直线能使离差平方和达到最小,虽然这并不能保证它就是拟合数据的最佳直线,但它毕竟具有与数据拟合良好的直线所应有的性质。其次,由该回归直线可知 β_0 和 β_1 的估计量的抽样分布。再次,在一定条件下,β_0 和 β_1 的最小平方估计量具有性质 $E(\hat{\beta}_0) = \beta_0$,$E(\hat{\beta}_1) = \beta_1$,而且同其他估计量相比,其抽样分布具有较小的标准差。

正是基于上述性质,最小平方法广泛用于回归模型参数的估计。

根据最小平方法,有:

$$\sum_{i=1}^{n}(y_i - \hat{y}_i)^2 = \sum_{i=1}^{n}(y_i - \hat{\beta}_0 - \hat{\beta}_1 x_i)^2 = \min \tag{8-4}$$

解得:

$$\hat{\beta}_1 = \frac{\sum_{i=1}^{n}(x_i - \bar{x})(y_i - \bar{y})}{\sum_{i=1}^{n}(x_i - \bar{x})^2} \tag{8-5}$$

$$\hat{\beta}_0 = \bar{y} - \hat{\beta}_1 \bar{x}$$

由式(8-5)可知,当 $x = \bar{x}$ 时,$\hat{y} = \bar{y}$,即回归直线 $\hat{y}_i = \hat{\beta}_0 + \hat{\beta}_1 x_i$ 通过点 $(\bar{x}, \bar{y})$。

【例8-3】 根据"例8-1"的数据,求人均可支配收入与人均消费支出的回归方程。

解:使用 Excel 的"数据分析"工具可以得到线性回归的部分结果,操作步骤如下。

第一步,将光标放在任意空白单元格,单击"数据"按钮,然后单击"数据分析"按钮。在弹出的对话框中选择"相关系数"选项,单击"确定"按钮。

第二步,在"Y值输入区域(Y):"文本框中输入因变量 Y 的数据所在的区域,在"X值输入区域(X):"文本框中输入自变量 X 的数据所在的区域。在"输出选项"中选择结果的放置位置。在"残差"选项中根据需要选择所要的结果,比如,"残差(R)""残差图(D)"等。"回归"对话框操作如图 8-6 所示。

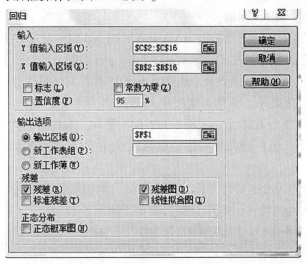

图 8-6 "回归"对话框操作

第三步,单击"确定"按钮,得到回归结果。

回归结果主要包括以下几部分。

第一部分是分析中的一些主要统计量,包括相关系数(multiple R)、决定系数(R square)、调整的决定系数(adjusted R square)、估计标准误(标准误差)等。人均可支配收入与人均消费支出的线性回归结果如图 8-7 所示。

SUMMARY OUTPUT								
回归统计								
Multiple	0.977484							
R Square	0.955476							
Adjusted	0.952051							
标准误差	1652.145							
观测值	15							
方差分析								
	df	SS	MS	F	gnificance F			
回归分析	1	7.61E+08	7.61E+08	278.9758	3.64E-10			
残差	13	35484589	2729584					
总计	14	7.97E+08						
	Coefficien	标准误差	t Stat	P-value	Lower 95%	Upper 95%	下限 95.0%	上限 95.0%
Intercept	1377.845	1538.767	0.895422	0.386841	-1946.46	4702.149	-1946.46	4702.149
X Variabl	0.638206	0.03821	16.70257	3.64E-10	0.555659	0.720754	0.555659	0.720754

图 8-7 人均可支配收入与人均消费支出的线性回归结果

第二个部分是回归分析的方差分析表,包括回归平方和、残差平方和、总平方和(SS)及相应的自由度(df)、回归均方和残差均方(MS)、检验统计量(F)、F 检验的显著性水平(significance F)。这部分主要用于对回归模型的线性关系进行显著性检验。

第三个部分是模型中参数估计的有关内容,包括回归方程的截距(intercept)、回归系数(X variable 1)、截距和回归系数检验的统计量(t stat)、检验的显著性水平(P-value)、截距和回归系数的 95% 的置信区间下限（下限 95.0%），及置信区间上限（上限 95.0%）等。

第四个部分包括回归的预测值（预测 Y）、残差和标准残差等。

此外，本例还给出了回归的残差图（X variable 1 residual plot）、线性拟合图（X variable 1 line fit plot）和 y 的正态概率图（normal probability plot）等。

由表 8-2 的回归结果可知，人均可支配收入与人均消费支出的估计方程为 $\hat{y} = 1\,377.845 + 0.638x$。回归系数 0.638 表示，人均可支配收入每变动（增加或减少）1 元，人均消费支出平均变动（增加或减少）0.638 元。截距 1 377.845 表示，人均可支配收入为 0 时，人均消费支出为 1 377.845 元。但在回归分析中，对截距 $\hat{\beta}_0$ 通常不进行实际意义上的解释，除非 $x=0$ 有实际意义。

将 x_i 的各个取值代入上述估计方程，可以得到人均消费支出的各个估计值 $\hat{y}_i$。15 个地区城镇居民 2017 年人均消费支出的预测值如表 8-2 所示。

表 8-2　15 个地区城镇居民 2017 年人均消费支出的预测值

地区	人均可支配收入/元	人均消费支出/元	预测 Y
北京	62 406.3	40 346.3	41 205.9
天津	40 277.5	30 283.6	27 083.2
河北	30 547.8	20 600.3	20 873.6
上海	62 595.7	42 304.3	41 326.8
江苏	43 621.8	27 726.3	29 217.6
浙江	51 260.7	31 924.2	34 092.7
河南	29 557.9	19 422.3	20 241.9
湖北	31 889.4	21 275.6	21 729.9
湖南	33 947.9	23 162.6	23 043.6
广东	40 975.1	30 197.9	27 528.4
广西	30 502.1	18 348.6	20 844.5
重庆	32 193.2	22 759.2	21 923.8
四川	30 726.9	21 990.6	20 987.9
贵州	29 079.8	20 347.8	19 936.8
陕西	30 810.3	20 388.2	21 041.2

人均可支配收入与人均消费支出的线性拟合图如图 8-8 所示。

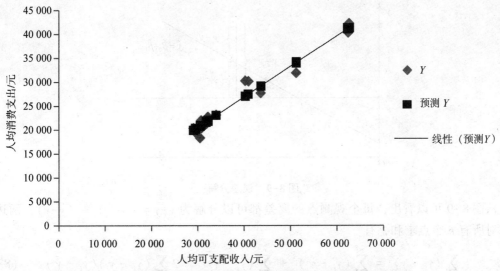

图 8-8　人均可支配收入与人均消费支出的线性拟合图

8.3　模型评估和检验

回归直线 $\hat{y}_i = \hat{\beta}_0 + \hat{\beta}_1 x_i$ 在一定程度上描述了变量 x 与 y 之间的关系，根据这一方程，可用自变量 x 的取值来预测因变量 y 的取值。但预测的精度将取决于回归直线对观测数据的拟合程度。可以想象，如果各观测数据的散点都落在这一直线上，那么这条直线就是对数据的完全拟合，直线充分代表了各个点，此时用 x 来估计 y 是没有误差的。各观测点越是紧密围绕直线，说明直线对观测数据的拟合程度越高，反之则越低。回归直线与各观测点的接近程度称为回归模型的拟合优度（goodness of fit）。评价拟合优度的一个重要统计量就是决定系数（coefficient of determination）。

8.3.1　模型评估

1. 决定系数

决定系数是对回归方程拟合优度的度量。为说明它的含义，需要考察因变量 y 取值的误差。

因变量 y 的取值是不同的，y 取值的这种波动称为误差。误差的产生源于两个方面：一是自变量 x 的取值不同；二是受 x 以外的其他随机因素的影响。对一个具体的观测值来说，误差的大小可以用实际观测值 y 与其均值 $\bar{y}$ 之差（$y - \bar{y}$）来表示。而 n 次观测值的总误差可由这些离差的平方和来表示，称为总平方和（total sum of squares），记为 SST，即 SST = $\sum_{i=1}^{n}(y_i - \bar{y})^2$。误差分解图如图 8-9 所示。

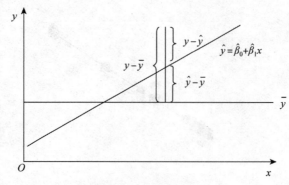

图 8-9 误差分解

从图 8-9 可以看出，每个观测点的离差都可以分解为 $y-\bar{y}=(y-\hat{y})+(\hat{y}-\bar{y})$，两边平方并对所有 n 个点求和，有：

$$\sum_{i=1}^{n}(y_i-\bar{y})^2 = \sum_{i=1}^{n}(y_i-\hat{y}_i)^2 + \sum_{i=1}^{n}(\hat{y}_i-\bar{y}_i)^2 + 2\sum_{i=1}^{n}(y_i-\hat{y}_i)(\hat{y}_i-\bar{y}) \tag{8-6}$$

可以证明，$\sum_{i=1}^{n}(y_i-\hat{y}_i)(\hat{y}_i-\bar{y})=0$，因此有：

$$\sum_{i=1}^{n}(y_i-\bar{y})^2 = \sum_{i=1}^{n}(\hat{y}_i-\bar{y})^2 + \sum_{i=1}^{n}(y_i-\hat{y}_i)^2 \tag{8-7}$$

式（8-7）的左边称为总平方和 SST，它被分解为两部分，其中，$\sum_{i=1}^{n}(\hat{y}_i-\bar{y})^2$ 是回归值 $\hat{y}_i$ 与均值 $\bar{y}$ 的离差平方和，根据回归方程，估计值 $\hat{y}_i=\hat{\beta}_0+\hat{\beta}_1 x_i$，因此可以把 $\hat{y}_i-\bar{y}$ 看作由于自变量 x 的变化引起的 y 的变化，其平方和 $\sum_{i=1}^{n}(\hat{y}-\bar{y})^2$ 则反映了 y 的总误差中由于 x 与 y 之间的线性关系引起的 y 的变化部分，它是可以由回归直线来解释的 y_i 的误差部分，称为回归平方和（regression sum of squares），记为 SSR。另一部分 $\sum_{i=1}^{n}(y_i-\hat{y}_i)^2$ 是实际观测点与回归值的离差平方和，它是除了 x 之外的其他随机因素对 y 的影响，是不能由回归直线来解释的 y_i 的误差部分，称为残差平方和（residual sum of squares），记为 SSE。三个平方和的关系为：

$$\text{总平方和（SST）}=\text{回归平方和（SSR）}+\text{残差平方和（SSE）} \tag{8-8}$$

从图 8-9 可以直观地看出，回归直线拟合的好坏取决于回归平方和占总平方和的比例，即 SSR/SST 的大小。各观测点越靠近直线，SSR/SST 越大，直线拟合得越好。回归平方和占总平方和的比例称为决定系数或判定系数，记为 R^2，其计算公式为：

$$R^2 = \frac{\text{SSR}}{\text{SST}} = \frac{\sum_{i=1}^{n}(\hat{y}_i-\bar{y})^2}{\sum_{i=1}^{n}(y_i-\bar{y})^2} \tag{8-9}$$

决定系数 R^2 测度了回归直线对观测数据的拟合程度。若所有观测点都落在直线上，残差平方和 SSE=0，$R^2=1$，拟合是完全的；如果 y 的变化与 x 无关，此时 $\hat{y}=\bar{y}$，则 $R^2=0$。可见 R^2 的取值范围是 [0, 1]。R^2 越接近 1，回归直线的拟合程度就越高；R^2 越接近 0，回归直线的拟合程度就越低。

在一元线性回归中,相关系数 r 是决定系数的平方根。这一结论可以帮助人们进一步理解相关系数的含义。实际上,相关系数 r 也从另一个角度说明了回归直线的拟合优度。$|r|$ 越接近 1,表明回归直线对观测数据的拟合程度就越高。但用 r 说明回归直线的拟合优度要慎重,因为 r 的值总是大于 R^2 的值(除非 $r=0$ 或 $|r|=1$)。比如当 $r=0.5$ 时,表面上看似乎有一半的相关,但 $R^2=0.25$,这表明自变量 x 只能解释因变量 y 总误差的 25%。$r=0.7$ 才能解释近一半的误差,$r<0.3$ 意味着只有很少一部分误差可由回归直线来解释。

例如,图 8-7 给出的决定系数 $R^2=95.55\%$,其实际意义是:在人均消费支出取值的总误差中,有 95.55% 可以由人均可支配收入与人均消费支出之间的线性关系来解释,可见回归方程的拟合程度比较高。

2. 估计标准误

估计标准误(standard error of estimate)是残差的标准差,也称估计标准误差,用 s_e 表示。一元线性回归的估计标准误的计算公式为:

$$s_e = \sqrt{\frac{\sum_{i=1}^{n}(y_i - \hat{y}_i)^2}{n-2}} = \sqrt{\frac{\text{SSE}}{n-2}} \qquad (8-10)$$

s_e 是度量各观测点在直线周围分散程度的一个统计量,反映了实际观测值 y_i 与回归估计值 $\hat{y}_i$ 之间的差异程度。s_e 也是对误差项 ε 的标准差 σ 的估计,它可以看作在排除了 x 对 y 的线性影响后,y 随机波动大小的一个估计量。从实际意义看,s_e 反映了用回归方程预测因变量 y 时预测误差的大小。各观测点越靠近直线,回归直线对各观测点的代表性越好,s_e 就会越小,根据回归方程进行预测也就越准确;若各观测点全部落在直线上,则 $s_e=0$,此时用自变量来预测因变量是没有误差的。可见,s_e 也从另一个角度说明了回归直线的拟合优度。

例如,图 8-7 给出的估计标准误 $s_e=1\,652.145$ 的实际意义是:根据人均可支配收入来预测人均消费支出时,平均的预测误差为 1 652.145 元。

8.3.2 显著性检验

在建立回归模型之前,已经假定 x 与 y 是线性关系,但这种假设是否成立,需要检验后才能证实。回归分析中的显著性检验主要包括线性关系检验和回归系数检验两个方面的内容。

1. 线性关系检验

线性关系检验简称 F 检验,它用于检验自变量 x 和因变量 y 之间的线性关系是否显著,或者说,它们之间能否用一个线性模型 $y=\beta_0+\beta_1 x+\varepsilon$ 来表示。检验统计量的构造是以回归平方和(SSR)及残差平方和(SSE)为基础的。将 SSR 除以其相应自由度(SSR 的自由度是自变量的个数 k,一元线性回归中自由度为 1)后的结果称为回归均方(mean square),记为 MSR;将 SSE 除以其相应自由度(SSE 的自由度为 $n-k-1$,一元线性回归中自由度为 $n-2$)后的结果称为残差均方,记为 MSE。如果原假设成立($H_0:\beta_1=0$,两个变量之间的线性关系不显著），则比值 MSR/MSE 的抽样分布服从分子自由度为 1、分母自由度为 $n-2$ 的 F 分布，即：

$$F = \frac{SSR/1}{SSE/(n-2)} = \frac{MSR}{MSE} \sim F(1, n-2) \qquad (8-11)$$

当原假设 $H_0: \beta_1 = 0$ 成立时，MSR/MSE 的值应接近 1，但如果原假设不成立，MSR/MSE 的值将变得无穷大。因此，较大的 MSR/MSE 值将导致拒绝 H_0，此时就可以断定 x 与 y 之间存在显著的线性关系。线性关系检验的具体步骤如下。

第一步，提出假设。

$H_0: \beta_1 = 0$（两个变量之间的线性关系不显著）。

$H_1: \beta_1 \neq 0$（两个变量之间的线性关系显著）。

第二步，计算检验统计量 F。

第三步，做出决策。确定显著性水平 α，并根据分子自由度 $df_1 = 1$ 和分母自由度 $df_2 = n - 2$ 求出统计量的 P 值。若 $P < \alpha$，则拒绝 H_0，表明两个变量之间的线性关系显著。

例如，图 8-7 给出各个平方和、均方、检验统计量 F 及其相应的 P 值（Sig.）。由于实际显著性水平 Sig. = 3.639 6E-10，接近 0，因此拒绝 H_0，表明人均可支配收入与人均消费支出之间的线性关系显著。

2. 回归系数检验

回归系数检验简称 t 检验，用于检验自变量对因变量的影响是否显著。在一元线性回归中，由于只有 1 个自变量，因此回归系数检验与线性关系检验是等价的（在多元线性回归中这两种检验不等价）。回归系数检验的步骤如下。

第一步，提出假设。

$H_0: \beta_1 = 0$（自变量对因变量的影响不显著）。

$H_1: \beta_1 \neq 0$（自变量对因变量的影响显著）。

第二步，计算检验统计量。检验统计量的构造是以回归系数 β_1 的抽样分布为基础的。统计证明，$\hat{\beta}_1$ 服从正态分布，期望值为 $E(\hat{\beta}_1) = \beta_1$，标准差的估计量为：

$$s_{\hat{\beta}_1} = \frac{s_e}{\sqrt{\sum_{i=1}^{n} x_i^2 - \frac{1}{n}(\sum_{i=1}^{n} x_i)^2}} \qquad (8-12)$$

将回归系数标准化，就可以得到用于检验回归系数 β_1 的统计量 t。在原假设成立的条件下，$\hat{\beta}_1 - \beta_1 = \hat{\beta}_1$，因此检验统计量为：

$$t = \frac{\hat{\beta}_1}{s_{\hat{\beta}_1}} \sim t(n-2) \qquad (8-13)$$

第三步，做出决策。确定显著性水平 α，并根据自由度 $df = n - 2$ 计算出统计量的 P 值。若 $P < \alpha$，则拒绝 H_0，表明 x 对 y 的影响是显著的。

例如，图 8-7 给出了检验统计量 $t = 3.6396E-10$。由于显著性水平 Sig. 接近 0，因此拒绝 H_0，表明人均可支配收入是影响人均消费支出的一个显著性因素。

除对回归系数进行检验外，还可以对其进行估计。回归系数 β_1 在 $1-\alpha$ 置信水平下的置

信区间为:

$$\hat{\beta}_1 \pm t_{\frac{\alpha}{2}}(n-2) \frac{s_e}{\sqrt{\sum_{i=1}^{n}(x_i - \bar{x})^2}} \quad (8-14)$$

回归模型中的常数 β_0 在 $1-\alpha$ 置信水平下的置信区间为:

$$\hat{\beta}_0 \pm t_{\frac{\alpha}{2}}(n-2) s_e \sqrt{\frac{1}{n} + \frac{\bar{x}}{\sum_{i=1}^{n}(x_i - \bar{x})^2}} \quad (8-15)$$

图 8-7 给出的回归结果中，β_1 的 95% 的置信区间为 (0.556, 0.721)，β_0 的 95% 的置信区间为 (-1 946.459, 4 702.149)。其中，β_1 的置信区间表示，人均可支配收入每变动 1 元，人均消费支出的平均变动量在 0.556 元与 0.721 元之间。

8.4 预测

回归分析的主要目的是根据所建立的回归方程，用给定的自变量来预测因变量。对于 x 的一个给定值 x_0，求出 y 的一个预测值 $\hat{y}_0$，就是点估计。在点估计的基础上，可以求出 y 的一个估计区间。估计区间有两种类型：平均值的置信区间和个别值的预测区间。

利用回归方程预测

8.4.1 平均值的置信区间

平均值的置信区间（confidence interval）是对 x 的一个给定值 x_0，求出 y 的平均值的估计区间。在"例 8-1"中，根据人均可支配收入与人均消费支出的估计回归方程 $\hat{y}$ = 1 377.845+0.638x，求出北京人均可支配收入为 62 406.3 元时，所有地区人均消费支出平均值的估计区间，这个区间就是置信区间。

设 x_0 为自变量 x 的一个给定值，$E(y_0)$ 为给定 x_0 时因变量 y 的期望值。当 $x = x_0$ 时，$\hat{y}_0 = \hat{\beta}_0 + \hat{\beta}_1 x_0$ 就是 $E(y_0)$ 的点估计值。一般来说，不能期望点估计值 $\hat{y}_0$ 精确地等于 $E(y_0)$，因此要用 $\hat{y}_0$ 推断 $E(y_0)$ 的区间。根据参数估计的原理，y 的平均值的置信区间等于点估计值±估计误差，即 $\hat{y}_0 \pm E$。E 是由所要求的置信水平的分位数值和点估计量 ($\hat{y}_0$) 的标准误构成的。对于给定的 x_0，平均值 $E(y_0)$ 在 $1-\alpha$ 置信水平下的置信区间为:

$$\hat{y}_0 \pm t_{\frac{\alpha}{2}}(n-2) s_e \sqrt{\frac{1}{n} + \frac{(x_0 - \bar{x})^2}{\sum_{i=1}^{n}(x_i - \bar{x})^2}} \quad (8-16)$$

根据 (8-16) 计算"例 8-1"的数据得出，在 95% 的置信水平下，北京人均可支配收入为 62 406.3 元时，所有地区人均消费支出平均值的估计区间为 39 042.4～43 369.5 元。

当 $x_0 = \bar{x}$ 时，$\hat{y}_0$ 的标准差的估计量最小，此时有 $s_{\hat{y}_0} = s_e \sqrt{1/n}$。也就是说，当 $x_0 = \bar{x}$ 时，估计是最准确的。x_0 偏离 $\bar{x}$ 越远，y 的平均值的置信区间就越宽，估计的效果也就越差。

8.4.2 个别值的预测区间

个别值的预测区间（prediction interval）是对 x 的一个给定值 x_0，求出 y 的一个个别值的估计区间。比如，在"例8-1"中，如果不是想估计北京地区人均可支配收入为62 406.3元时所有地区人均消费支出平均值的区间，而只是想估计北京地区人均可支配收入为62 406.3元的北京地区人均消费支出的区间，这个区间就是个别值的预测区间。

与置信区间类似，y 的个别值的预测区间等于点估计值±估计误差，即 $\hat{y}_0 \pm E$。E 是由所要求的置信水平的分位数值和点估计量（$\hat{y}_0$）的标准误构成的。对于给定的 x_0，y 的一个个别值 y_0 在 $1-\alpha$ 置信水平下的预测区间为：

$$\hat{y}_0 \pm t_{\frac{\alpha}{2}}(n-2) s_e \sqrt{1 + \frac{1}{n} + \frac{(x_0 - \bar{x})^2}{\sum_{i=1}^{n}(x_i - \bar{x})^2}} \qquad (8-17)$$

根据式（8-17）计算"例8-1"的数据得出，在95%的置信水平下，北京市人均可支配收入为62 406.3元时，该市人均消费支出的预测区间为37 032.1~45 379.7元。

与式（8-16）相比，式（8-17）的根号内多加了一个1。因此，即使是对同一个 x_0，这两个区间的宽度也不一样，预测区间要比置信区间宽一些。置信区间和预测区间示意如图8-10所示。

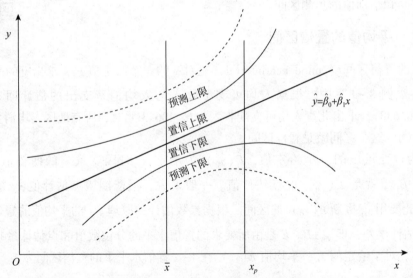

图 8-10 置信区间和预测区间示意

从图8-10可以看出，两个区间的宽度不太一样，y 的个别值的预测区间要宽一些。二者的差别表明，估计 y 的平均值比预测 y 的一个个别值更准确。同样，当 $x_0 = \bar{x}$ 时，两个区间也都是最准确的。

【例8-4】 沿用"例8-1"的数据。求15个地区城镇居民2017年人均消费支出的95%的置信区间和预测区间。

解：按式（8-16）和式（8-17）计算出的95%的置信区间和预测区间如表8-3所示。

表 8-3　15 个地区城镇居民 2017 年人均消费支出的置信区间和预测区间

地区	人均消费支出/元	预测 Y	置信下限	置信上限	预测下限	预测上限
北京	40 346.3	41 205.9	39 042.4	43 369.5	37 032.1	45 379.7
天津	30 283.6	27 083.2	26 152.4	28 014.0	23 394.6	30 771.8
河北	20 600.3	20 873.6	19 732.9	22 014.4	17 126.5	24 620.8
上海	42 304.3	41 326.8	39 149.1	43 504.6	37 145.7	45 508.0
江苏	27 726.3	29 217.6	28 210.2	30 225.0	25 508.9	32 926.2
浙江	31 924.2	34 092.7	32 705.1	35 480.4	30 263.2	37 922.3
河南	19 422.3	20 241.9	19 051.1	21 432.6	16 479.3	24 004.5
湖北	21 275.6	21 729.9	20 650.6	22 809.1	18 001.0	25 458.7
湖南	23 162.6	23 043.6	22 042.3	24 045.0	19 336.6	26 750.7
广东	30 197.9	27 528.4	26 587.8	28 469.0	23 837.3	31 219.5
广西	18 348.6	20 844.5	19 701.5	21 987.5	17 096.7	24 592.3
重庆	22 759.2	21 923.8	20 857.4	22 990.1	18 198.6	25 648.9
四川	21 990.6	20 987.9	19 855.8	22 120.1	17 243.5	24 732.4
贵州	20 347.8	19 936.8	18 720.6	21 152.9	16 166.0	23 707.5
陕西	20 388.2	21 041.9	19 913.0	22 169.3	17 297.9	24 784.5

2017 年 15 个地区城镇居民人均消费支出的 95% 的置信区间和预测区间如图 8-11 所示。图中的点构成人均可支配收入与人均消费支出的散点图，中间的实线是拟合的回归直线，其两侧的虚线是人均消费支出平均值的 95% 的置信区间；最外面的两条虚线是人均消费支出个别值的 95% 的预测区间。

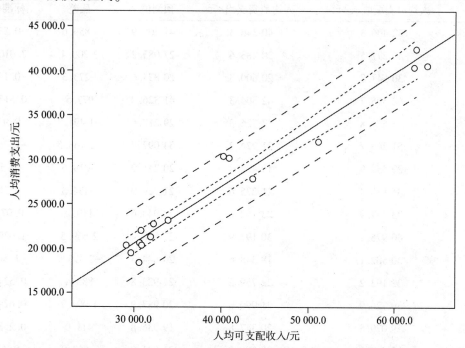

图 8-11　2017 年 15 个地区人均消费支出的 95% 的置信区间和预测区间

8.5 残差分析

在建立回归模型 $y=\beta_0+\beta_1 x+\varepsilon$ 时,除了假定因变量与自变量之间为线性关系外,还假定误差项 ε 是期望值为 0、方差相等且服从正态分布的一个独立随机变量。如果这些假定不成立,那么对模型所做的检验和预测也就站不住脚。确定有关 ε 的假定是否成立的方法之一就是进行残差分析(residual analysis)。

8.5.1 残差与标准化残差

残差(residual)是因变量的观测值 y 与根据回归方程求出的预测值 $\hat{y}_i$ 之差,用 e 表示,它反映了用回归方程预测 y_i 引起的误差。第 i 个观测值的残差可以写为:

$$e_i = y_i - \hat{y}_i \tag{8-18}$$

标准化残差(standardized residual)是残差除以它的标准误后的结果,用 z_e 表示。第 i 个观测值的标准化残差可以表示为:

$$z_{e_i} = \frac{e_i}{s_e} = \frac{y_i - \hat{y}_i}{s_e} \tag{8-19}$$

式中,s_e 表示残差的标准误的估计。

15 个地区城镇居民 2017 年人均可支配收入与人均消费支出线性回归的预测值、残差和标准残差如表 8-4 所示。

表 8-4 15 个地区城镇居民 2017 年人均消费支出的预测值、残差和标准残差

地区	人均可支配收入/元	人均消费支出/元	预测值 Y	残差	标准残差
北京	62 406.3	40 346.3	41 205.9	-859.6	-0.539 96
天津	40 277.5	30 283.6	27 083.2	3 200.4	2.010 241
河北	30 547.8	20 600.3	20 873.6	-273.3	-0.171 69
上海	62 595.7	42 304.3	41 326.8	977.5	0.613 977
江苏	43 621.8	27 726.3	29 217.6	-1 491.3	-0.936 69
浙江	51 260.7	31 924.2	34 092.7	-2 168.5	-1.362 11
河南	29 557.9	19 422.3	20 241.9	-819.6	-0.514 8
湖北	31 889.4	21 275.6	21 729.9	-454.3	-0.285 33
湖南	33 947.9	23 162.6	23 043.6	119.0	0.074 74
广东	40 975.1	30 197.9	27 528.4	2 669.5	1.676 763
广西	30 502.1	18 348.6	20 844.5	-2 495.9	-1.567 72
重庆	32 193.2	22 759.2	21 923.8	835.4	0.524 764
四川	30 726.9	21 990.6	20 987.9	1 002.7	0.629 788
贵州	29 079.8	20 347.8	19 936.8	411.0	0.258 184
陕西	30 810.3	20 388.2	21 041.2	-653.0	-0.410 15

表 8-4 是 Excel 给出的标准残差，其计算公式为：

$$z_{e_i} = \frac{y_i - \hat{y}_i}{s_e \sqrt{1 - \left[\frac{1}{n} + \frac{(x_i - \bar{x})^2}{\sum_{i=1}^{n}(x_i - \bar{x})^2}\right]}} \tag{8-20}$$

式（8-20）称为学生化删除残差（studentized deleted residuals），而不是式（8-19）所说的标准化残差。

8.5.2 残差图及其解读

检验误差项 ε 的假定是否成立，可以通过对残差图的分析来完成。常用的残差图有关于 x 的残差图、标准化残差图等。关于 x 的残差图用横轴表示自变量 x_i 的值，纵轴表示对应的残差 e_i，每个 x_i 的值与对应的残差 e_i 用图中的一个点来表示。

为解读残差图，首先应考察残差图的形态及其反映的信息。不同形态的残差图如图 8-12 所示。

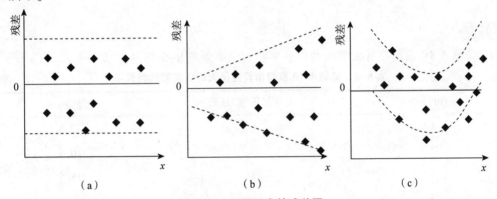

图 8-12　不同形态的残差图
(a) 满意的模式；(b) 非常数方差；(c) 模型形式不合适

若关于 ε 等方差的假定成立，而且假定描述变量 x 和 y 之间关系的回归模型是合理的，那么残差图中的所有点都应以均值 0 为中心随机分布在一条水平带中间，如图 8-12（a）所示。但如果对所有的 x 值，ε 的方差是不同的，例如，较大的 x 值的残差也较大（或较大的 x 值的残差较小），如图 8-12（b）所示，这就意味着违背了 ε 方差相等的假设。如果残差图如图 8-12（c）所示的那样，则表明所选择的回归模型不合理，这时应考虑非线性回归模型。

【例 8-5】 沿用"例 8-1"的数据。绘制 15 个地区城镇居民 2017 年人均可支配收入与人均消费支出预测的残差图，判断所建立的回归模型是否合理。

解：根据表 8-4 中的残差绘制的 2017 年人均消费支出回归预测的残差图如图 8-13 所示。

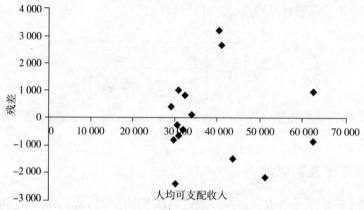

图 8-13　2017 年人均消费支出回归预测的残差图

从图 8-13 可以看出，各残差基本上位于一条水平带中间，而且没有任何固定的模式，呈随机分布。这表明人均可支配收入与人均消费支出的一元线性回归模型是合理的，关于模型的各种假定也都是成立的。

练习题

1. 某城市 10 家超市营业员人均销售额和利润率如表 8-5 所示。

表 8-5　某城市 10 家超市营业员人均销售额和利润率

超市序号	人均销售额/万元	利润率/%
1	6	12.6
2	5	10.4
3	8	18.5
4	1	3.0
5	4	8.1
6	7	16.3
7	6	12.3
8	3	6.2
9	3	6.6
10	7	16.8

（1）绘制人均销售额与利润率的散点图，判断二者之间的关系形态。

（2）计算人均销售额与利润率之间的线性相关系数，分析说明二者之间的关系强度。

2. 近十年某地区居民对某品牌电视机的需求量与居民收入如表 8-6 所示。

表 8-6　近十年某地区居民对某品牌电视机的需求量与居民收入

年份	需求量/千台	居民收入/万元
2009	136.2	309.3
2010	138.7	315.5

续表

年份	需求量/千台	居民收入/万元
2011	140.2	318.8
2012	146.8	330.0
2013	149.6	340.2
2014	153.0	350.7
2015	158.2	367.3
2016	163.2	381.3
2017	170.5	406.5
2018	185.9	430.8

（1）计算该地区居民收入与某品牌电视机需求量的相关系数，并分析二者之间的关系。

（2）如果可以的话，请进行回归分析，建立二者间的数据表达形式，并对回归系数进行分析。

（3）对回归方程进行检验（$\alpha=0.05$）。

（4）在置信水平为95%的条件下，当居民收入为330万元时，构建该品牌电视机需求量的置信区间和预测区间。

3. 某班主任想研究学生在期末考试之前用于复习的时间和考试分数之间的关系，因此抽取了10名学生得到相关数据。10名学生的复习时间与考试分数如表8-7所示。

表8-7 10名学生的复习时间与考试分数

复习时间/小时	20	16	34	23	27	32	18	22	30	25
考试分数/分	64	61	84	70	88	92	72	77	65	68

（1）计算复习时间与考试分数的相关系数，分析二者之间的关系。

（2）能否进行回归分析？为什么？

4. 某物流公司的主管想研究货物的运送距离和运送时间的关系，因此抽取了公司8辆货车最近的运货记录。8辆货车的运送距离与运送时间如表8-8所示。

表8-8 8辆货车的运送距离与运送时间

运送距离/千米	328	210	1 080	560	500	910	1 370	300
运送时间/天	3.0	1.5	3.5	2.5	1.5	3.0	4.0	2.0

运送距离与运送时间能否进行回归分析？若可以，请按照回归建模的思路进行；若不可以，请说明原因。

第9章

时间序列分析与预测

> **想一想**
>
> ◆如果某品牌手机每个月的销售量都增加300部,连续12个月的销售量的环比增长率是上升的还是下降的?
>
> ◆如果一个人的收入每年都增加2 000元,将连续10年的收入数据画出图形,图形是怎样的?如果每年的收入都增长5%,将连续10年的收入数据画出图形,图形又是怎样的?
>
> ◆你可以准确地预测一个导弹的运行轨迹,但无法准确预测电商发展的趋势。你同意这一观点吗?

时间序列(times series)是按时间顺序记录的一组数据。其中,观察的时间可以是年份、季度、月份或其他任何时间形式。为便于表述,本章用 t 表示所观察的时间, Y_t($t=1, 2, \cdots, n$)表示在时间上的观测值。对于时间序列数据,人们通常关心其未来的变化,也就是要对未来进行预测。比如,明年的企业利润额会达到多少?下个月的汽车销售价格会下降多少?明年的可支配收入会增加吗?要对未来的结果进行预测,就需要知道它们在过去一段时间里是如何变化的,这就需要考察时间序列的变化形态,进而通过建立恰当的模型进行预测。本章首先介绍增长率的计算与分析,然后介绍时间序列的一些简单预测方法。

9.1 增长率分析

一些经济报道常使用增长率。增长率是对现象在不同时间的变化状况所进行的描述。由于对比的基期不同,增长率有不同的计算方法。这里主要介绍增长率、平均增长率和年化增长率的计算方法。

9.1.1 增长率与平均增长率

增长率(growth rate)是时间序列中报告期观测值与基期观测值之比减1(100%)后的

结果，也称增长速度，通常用百分比表示。

由于对比的基期不同，增长率可以分为环比增长率和定基增长率。环比增长率是报告期观测值与前一时期观测值之比减1（100%），说明观测值逐期增长变化的程度；定基增长率是报告期观测值与某一固定时期观测值之比减1（100%），说明观测值在整个观察期内总的增长变化程度。设增长率为 G，则环比增长率和定基增长率可分别表示如下。

环比增长率为：

$$G_i = \frac{Y_i - Y_{i-1}}{Y_{i-1}} \times 100\% = \left(\frac{Y_i}{Y_{i-1}} - 1\right) \times 100\%, \quad i = 1, 2, \cdots, n \quad (9\text{-}1)$$

定基增长率为：

$$G_i = \frac{Y_i - Y_0}{Y_0} \times 100\% = \left(\frac{Y_i}{Y_0} - 1\right) \times 100\%, \quad i = 1, 2, \cdots, n \quad (9\text{-}2)$$

式中，Y_0 表示用于对比的固定基期的观测值。

平均增长率（average rate of increase）是时间序列中各逐期环比值（也称环比发展速度）的几何平均数（n 个观测值连乘的 n 次方根）减1后的结果，也称平均增长速度。

平均增长率用于描述观测值在整个观察期内平均增长变化的程度，计算公式为：

$$\overline{G} = \left(\sqrt[n]{\frac{Y_1}{Y_0} \times \frac{Y_2}{Y_1} \times \cdots \times \frac{Y_n}{Y_{n-1}}} - 1\right) \times 100\% = \left(\sqrt[n]{\frac{Y_n}{Y_0}} - 1\right) \times 100\% \quad (9\text{-}3)$$

式中，$\overline{G}$ 表示平均增长率；n 表示环比值的个数。

【例 9-1】 2009—2018 年我国年末总人口如表 9-1 所示。

（1）计算 2009—2018 年的环比增长率。

（2）计算以 2009 年为固定基期的定基增长率。

（3）计算 2009—2018 年的年平均增长率，并根据年平均增长率预测 2019 年和 2020 年的年末总人口数。

表 9-1　2009—2018 年我国年末总人口数据

年份	年末总人口/万人
2009	133 450
2010	134 091
2011	134 735
2012	135 404
2013	136 072
2014	136 782
2015	137 462
2016	138 271
2017	139 008
2018	139 538

资料来源：《中国统计年鉴（2018）》。

解：(1) 根据式 (9-1) 计算环比增长率时，首先在 Excel 工作表中第二个观测值的右侧单元格输入 =B3/B2*100-100，然后向下复制，直至最后一个观测值的右侧单格。

(2) 根据式 (9-2) 计算定基增长率时，首先在 Excel 工作表中第二个观测值的右侧单元格输入 =B3/\$B\$2*100-100，公式中的符号"\$"表示对单元格的绝对引用。然后向下复制，直至最后一个观测值的右侧单元格。2009—2018 年我国年末总人口数的环比增长率和定基增长率如表 9-2 所示。

表 9-2 2009—2018 年我国年末总人口数的环比增长率和定基增长率

年份	年末总人口/万人	环比增长率/%	定基增长率/%
2009	133 450	—	—
2010	134 091	0.48	0.48
2011	134 735	0.48	0.96
2012	135 404	0.50	1.46
2013	136 072	0.49	1.96
2014	136 782	0.52	2.50
2015	137 462	0.50	3.01
2016	138 271	0.59	3.61
2017	139 008	0.53	4.16
2018	139 538	0.38	4.56

(3) 根据式 (9-3) 得：

$$\bar{G} = \left(\sqrt[n]{\frac{Y_n}{Y_0}} - 1\right) \times 100\% = \left(\sqrt[9]{\frac{139\,538}{133\,450}} - 1\right) \times 100\% = 0.5\%$$

即 2009—2018 年我国年末总人口数的年平均增长率为 0.5%。或者说，年末总人口数平均每年以 0.5% 的速度增长。

根据年平均增长率预测 2019 年和 2020 年的年末人口数分别为：

$\hat{Y}_{2019}$ = 2018 年月末人口数 × $(1+\bar{G})$ = 139 538 × (1+0.5%) = 140 235.69（万人）

$\hat{Y}_{2020}$ = 2018 年月末人口数 × $(1+\bar{G})^2$ = 139 538 × (1+0.5%)² = 140 936.87（万人）

9.1.2 年化增长率

增长率可根据年度数据计算，例如本年与上年相比的增长率，称为年增长率；也可以根据月份数据或季度数据计算，例如本月与上月相比或本季度与上季度相比的增长率，称为月增长率或季增长率。但是，当所观察的时间跨度多于 1 年或少于 1 年时，用年化增长率进行比较就显得很有用了。也就是将月增长率或季增长率换算成年增长率，从而使各增长率具有相同的比较基础。当增长率以年来表示时，称为年化增长率（annualized growth rate）。

年化增长率的计算公式为：

$$G_A = \left[\left(\frac{Y_i}{Y_{i-1}}\right)^{m/n} - 1\right] \times 100\% \tag{9-4}$$

式中，G_A 表示年化增长率；m 表示一年中的时期个数；n 表示所跨的时期总数。

如果月增长率被年度化，则 $m=12$（一年有 12 个月）；如果季度增长率被年度化，则 $m=4$，依次类推。显然，当 $m=n$ 时即为年增长率。

【例 9-2】 根据以下从国家统计局官网上，收集的相关能源及汽车方面的数据，计算年化增长率。

（1）2018 年 4 月份我国汽油产量为 1 148.1 万吨，2019 年 4 月份汽油产量为 1 158.2 万吨。

（2）2017 年 12 月份我国天然气产量为 136.1 亿立方米，2019 年 4 月份天然气产量为 140.8 亿立方米。

（3）2018 年第四季度我国汽车销售量为 747.8 万辆，2019 年第一季度汽车销售量为 622.3 万辆。

（4）2016 年第一季度我国新能源汽车销售量为 8.8 万辆，2019 年第一季度新能源汽车销售量为 23.8 万辆。

解：（1）由于是月份数据，因此 $m=12$，从 2018 年 4 月到 2019 年 4 月所跨的月份总数为 12，因此 $n=12$。根据式（9-4）得

$$G_A = \left[\left(\frac{1\,158.2}{1\,148.1}\right)^{12/12} - 1\right] \times 100\% = 0.88\%$$

即年化增长率为 0.88%，这实际上就是年增长率，因为所跨的时期总数为一年。结果表明，我国汽油产量的年增长率为 0.88%。

（2）$m=12$，$n=16$，年化增长率为：

$$G_A = \left[\left(\frac{140.8}{136.1}\right)^{12/16} - 1\right] \times 100\% = 2.58\%$$

结果表明，我国天然气产量增长率按年计算为 2.58%。

（3）由于是季度数据，因此 $m=4$；从 2018 年第四季度到 2019 年第一季度所跨的时期总数为 1，因此 $n=1$。年化增长率为：

$$G_A = \left[\left(\frac{622.3}{747.8}\right)^{4/1} - 1\right] \times 100\% = -52.04\%$$

结果表明，2019 年第一季度的汽车销售量按年计算减少了 52.04%。

（4）$m=4$，从 2016 年第一季度到 2019 年第一季度所跨的季度总数为 12，因此 $n=12$。年化增长率为：

$$G_A = \left[\left(\frac{23.8}{8.8}\right)^{4/12} - 1\right] \times 100\% = 39.33\%$$

结果表明，我国新能源汽车销售量的增长率按年计算为 39.33%，这实际上就是新能源汽车销售量的年增长率。

本节介绍了几种增长率的计算方法。对于社会经济现象的时间序列或企业经营管理方面的时间序列，通常利用增长率来描述其增长状况。但实际应用中，有时也会出现误用乃至滥用的情况。因此，在用增长率分析实际问题时，应注意以下几点。

首先，当时间序列中的观测值出现 0 或负数时，不宜计算增长率。例如，假定某企业连续 5 年的利润额分别为 600 万元、400 万元、0 元、-200 万元、300 万元，对这一序列计算

增长率，要么不符合数学公理，要么无法解释其实际意义。在这种情况下，适宜直接用绝对数进行分析。

其次，在有些情况下，不能单纯就增长率论增长率，要注意将增长率与绝对水平结合起来进行分析。由于对比的基数不同，因此大的增长率背后所隐含的绝对值可能很小，小的增长率背后所隐含的绝对值可能很大。在这种情况下，不能简单地用增长率进行比较分析，而应将增长率与绝对水平结合起来进行分析。

9.2 时间序列的成分和预测方法

时间序列预测的关键是找出其过去的变换模式，也就是确定一个时间序列所包含的成分，在此基础上选择恰当的模型进行预测。

9.2.1 时间序列的成分

时间序列的变化可能受一种或几种因素的影响，导致它在不同时间上的取值不同，这些影响因素就是时间序列的组成要素（components）。一个时间序列通常由四种要素组成：趋势、季节变动、循环波动和不规则波动。

趋势（trend）是时间序列在一段较长时期内呈现的持续向上或持续向下的变动。比如，一个地区的 GDP 是逐年增长的，一个企业的生产成本是逐年下降的，就是趋势。趋势在一定观察期内可能呈线性变化，但随着时间的推移也可能呈非线性变化。

季节变动（seasonal fluctuation）是时间序列呈现的以年为周期长度的固定变动模式，这种模式年复一年重复出现。它是诸如气候条件、生产条件、节假日或人们的风俗习惯等各种因素影响的结果。农业生产、交通运输、旅游、商品销售等，都有明显的季节变动特征。比如，"双十一"促销活动期间电商平台销售额大幅增加，铁路和航空客运在节假日会迎来客流高峰，黄金周假期旅游景点收入剧增，就是季节变动引起的。

循环波动（cyclical fluctuation）是时间序列呈现的非固定长度的周期性变动。人们经常听到的景气周期、加息周期等术语，就与循环波动有关。循环波动的周期可能会持续一段时间，但与趋势不同，它不是朝单一方向的持续变动，而是涨落相间的交替波动，比如经济从低谷到高峰，又从高峰慢慢滑入低谷，尔后又慢慢回升。它也不同于季节变动，季节变动有比较固定的规律，且变动周期大多为 1 年；循环波动则无固定规律，变动周期多在 1 年以上，且周期长短不一。

不规则波动（irregular variations）是时间序列中除去趋势、季节变动和循环波动之后的随机波动。不规则波动总是夹杂在时间序列中，致使时间序列产生一种波浪形或振荡式变动。

时间序列的四个组成部分——趋势（T）、季节变动（S）、循环波动（C）和不规则波动（I）与观测值的关系可以用加法模型（additive model）表示，也可以用乘法模型（multiplicative model）表示。其中较常用的是乘法模型，其表现形式为：

$$Y_t = T_t \times S_t \times C_t \times I_t \tag{9-5}$$

观察时间序列的成分可以从图形分析入手。含有不同成分的时间序列如图 9-1 所示。

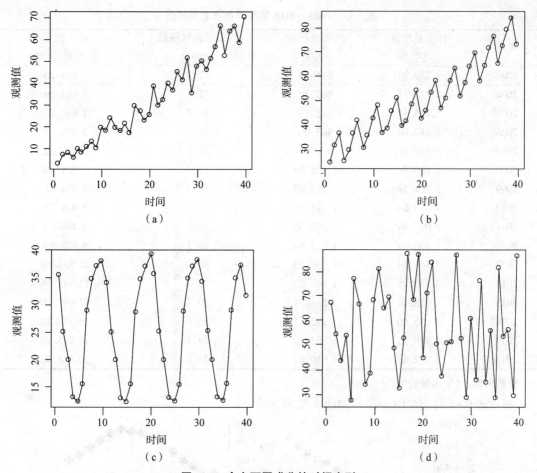

图 9-1 含有不同成分的时间序列

(a) 含有趋势成分的序列；(b) 含有季节和趋势成分的序列；(c) 含有周期成分的序列；(d) 随机波动的序列

一个时间序列可能由一种成分组成，也可能由几种成分组成。观察时间序列的图形可以大致判断时间序列所包含的成分，为选择适当的预测模型奠定基础。

9.2.2 预测方法的选择与评估

一个具体的时间序列可能只含有一种成分，也可能同时含有几种成分。含有不同成分的时间序列所用的预测方法是不同的。对时间序列进行预测时通常包括四个步骤：第一步，确定时间序列包含的成分；第二步，找出适合该时间序列的预测方法；第三步，对可能的预测方法进行评估，以确定最佳预测方案；第四步，利用最佳预测方案进行预测，并分析其预测的残差，以检查模型是否合适。

【例 9-3】 表 9-3 是 2003—2018 年我国各项宏观数据，具体包括林业总产值、结婚登记数、城镇居民恩格尔系数、私人汽车拥有量。列出表 9-3 的时间序列的线图。

表 9-3 2003—2018 年我国各项宏观数据

年份	林业总产值/亿元	结婚登记数/万对	城镇居民恩格尔系数/%	私人汽车拥有量/万辆
2003	1 239.93	811.40	37.1	1 219.23
2004	1 327.12	867.20	37.7	1 481.66
2005	1 425.54	823.10	36.7	1 848.07
2006	1 610.80	945.00	35.8	2 333.32
2007	1 889.93	991.40	36.3	2 876.22
2008	2 180.31	1 098.30	37.9	3 501.39
2009	2 324.39	1 212.40	36.5	4 574.91
2010	2 575.03	1 241.00	35.7	5 938.71
2011	3 092.44	1 302.36	36.3	7 326.79
2012	3 406.97	1 323.59	36.2	8 838.60
2013	3 847.44	1 346.93	30.1	10 501.68
2014	4 189.98	1 306.93	30.0	12 339.36
2015	4 358.45	1 224.71	29.7	14 099.10
2016	4 635.90	1 142.82	30.1	16 330.20
2017	4 980.55	1 063.10	29.3	18 515.10
2018	5 432.61	1 010.80	34.8	20 574.93

资料来源：《中国统计年鉴（2018）》。

解：表 9-3 的四个时间序列如图 9-2 所示。

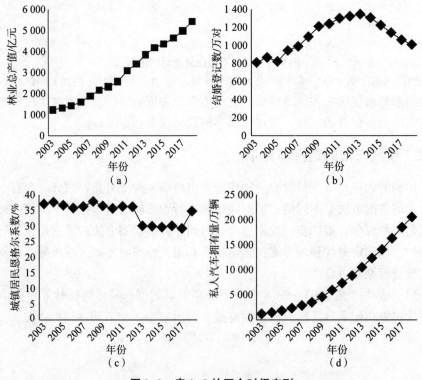

图 9-2 表 9-3 的四个时间序列

(a) 林业总产值序列；(b) 结婚登记数序列；(c) 城镇居民恩格尔系数序列；(d) 私人汽车拥有量序列

图 9-2 显示，林业总产值呈现一定的线性趋势；结婚登记数呈现一定的抛物线变化形态；城镇居民恩格尔系数则没有明显的趋势，呈现一定的随机波动；私人汽车拥有量呈现一定的指数变化趋势。

选择什么样的方法进行预测，除了受时间序列所包含的成分影响外，还取决于所能获得的历史数据。有些方法只需要少量的数据就能进行预测，有些方法则要求有较多数据。此外，方法的选择还取决于所要求的预测期，有些方法只能进行短期预测，有些方法则可进行相对长期的预测。

下面的表 9-4 给出了本章介绍的时间序列预测方法及其适合的数据模式、对数据的要求和预测期的长短等。

表 9-4　预测方法的选择

预测方法	适合的数据模式	对数据的要求	预测期
移动平均	平稳序列	数据个数与移动平均的步长相等	非常短
简单指数平滑	平稳序列	5 个以上	短期
一元线性回归	线性趋势	10 个以上	短期至中期
指数模型	非线性趋势	10 个以上	短期至中期
多项式函数	非线性趋势	10 个以上	短期至中期
分解预测	趋势、季节和循环成分	至少有 4 个周期的季度或月份数据	短期、中期、长期

在选择预测方法并利用该方法进行预测后，需要反过来对所选择的方法进行评估，以确定该方法是否合适。

一种预测方法的好坏取决于预测误差（也称残差）的大小。预测误差是预测值与实际值的差距。度量方法有平均误差（mean error）、平均绝对误差（mean absolute deviation）、均方误差（mean square error）、平均百分比误差（mean percentage error）和平均绝对百分比误差（mean absolute percentage error）等，其中较为常用的是均方误差。当同一时间序列有几种可供选择的方法时，以预测误差最小者为宜。

均方误差是误差平方和的平均数，用 MSE 表示，计算公式为：

$$\text{MSE} = \frac{\sum_{i=1}^{n}(Y_i - F_i)^2}{n} \tag{9-6}$$

式中，Y_i 表示第 i 期的实际值；F_i 表示第 i 期的预测值；n 表示预测误差的个数。

此外，为考察所选择的模型是否合适，还可以通过绘制残差图来分析。如果模型是正确的，那么用该模型预测所产生的残差应该以零轴为中心随机分布。残差越接近零轴且随机分布，说明所选择的模型越好。

9.3　平滑法预测

如果时间序列是不含趋势、季节和循环变动的序列，其波动主要是随机成分所致，则序列的平均值不随时间的推移而变化，这类序列的预测方法主要有移动平均（moving average)、简单指数平滑（simple exponential smoothing）等。这些方法是通过对时间序列进行平滑来消除其随机波动的，因而也称平滑法。

9.3.1 移动平均预测

移动平均预测是选择固定长度的移动间隔，对时间序列逐期移动来求得平均数，并以此作为下一期的预测值。设移动间隔长度为 $k(1<k<t)$，则 $t+1$ 期的移动平均预测值为：

$$F_{t+1} = \bar{Y}_t = \frac{Y_{t-k+1} + Y_{t-k+2} + \cdots + Y_{t-1} + Y_t}{k} \tag{9-7}$$

移动平均预测只使用最近 k 期的数据，每次计算移动平均值时移动的间隔都为 k。至于多长的移动间隔较为合理，预测时可采用不同的移动步长进行预测，然后选择一个使均方误差达到最小的移动步长。

9.3.2 简单指数平滑预测

简单指数平滑预测是加权平均的一种特殊形式，它是把 t 期的实际值 Y_t 和 t 期的平滑值 S_t 加权平均，作为 $t+1$ 期的预测值。观测值的时间离现时期越远，其权数也随之呈指数下降，因而称为指数平滑。

就简单指数平滑预测而言，$t+1$ 期的预测值是 t 期实际值 Y_t 和 t 期平滑值 S_t 的线性组合，其预测模型为：

简单指数平滑预测

$$F_{t+1} = \alpha Y_t + (1-\alpha) S_t \tag{9-8}$$

式中，F_{t+1} 表示 $t+1$ 期的预测值；Y_t 表示 t 期的实际值；S_t 表示 t 期的平滑值；α 表示平滑系数（$0<\alpha<1$）。

在开始计算时还没有第一期的平滑值 S_1，通常可以设 S_1 等于第一期的实际值，即 $S_1=Y_1$。

使用简单指数平滑预测的关键是确定一个合适的平滑系数 α，因为不同的 α 对预测结果会产生不同的影响。当 $\alpha=0$ 时，预测值仅仅是重复上一期的预测结果；当 $\alpha=1$ 时，预测值就是上一期的实际值。α 越接近 1，模型对时间序列变化的反应就越及时，因为它对当前的实际值赋予了比预测值更大的权数；α 越接近 0，意味着对当前的预测值赋予了更大的权数，因此模型对时间序列变化的反应就越慢。一般而言，当时间序列有较大的随机波动时，宜选较小的 α；如果注重使用近期的值进行预测，宜选较大的 α。但实际应用时还应考虑预测误差。预测时可选几个 α 进行比较，然后找出预测误差最小的作为最后的 α 值。α 的取值一般不大于 0.5。若 α 大于 0.5 才能接近实际值，通常说明序列有某种趋势或波动过大，不适合用简单指数平滑法进行预测。

简单指数平滑预测的优点是只需要少数几个观测值就能进行预测，方法相对简单；其缺点是预测值往往滞后于实际值，而且无法考虑趋势和季节成分。

【例 9-4】 根据表 9-3 中的我国城镇居民恩格尔系数序列，分别用移动平均法（$k=3$）和简单指数平滑法（$\alpha=0.4$）预测 2019 年的城镇居民恩格尔系数，计算预测误差，并将实际值和预测后的序列绘图进行比较。

解：使用 Excel 的"数据分析"工具可以进行移动平均和简单指数平滑预测，操作步骤如下。

(1) 移动平均预测。

第一步,将光标放在任意空白单元格,单击"数据"按钮,然后单击"数据分析"按钮。在弹出的对话框中选择"移动平均"选项,单击"确定"按钮。

第二步,在出现的对话框中,在"输入区域(I):"中输入要预测的数据所在的区域。在"间隔(N):"中输入移动平均的间隔长度,本例为3。在"输出区域(O):"中选择结果的输出位置(通常选择与第二期数值对应的右侧单元格)。选择"图表输出(C)"。"移动平均"对话框操作如图9-3所示。

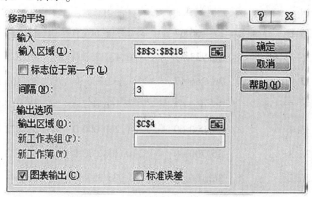

图9-3 "移动平均"对话框操作

第三步,单击"确定"。

(2) 简单指数平滑预测。

第一步,将光标放在任意空白单元格,单击"数据"按钮,然后单击"数据分析"按钮。在弹出的对话框中选择"指数平滑"选项,单击"确定"按钮。

第二步,在出现的对话框中,在"输入区域(I):"中输入要预测的数据所在的区域。在"阻尼系数(D):"中输入$1-\alpha$的值,本例为0.6。在"输出区域(O):"中选择结果的输出位置(选择与第一期数值对应的右侧单元格)。选择"图表输出(C)"复选按钮。"指数平滑"对话框操作如图9-4所示。

图9-4 "指数平滑"对话框操作

第三步,单击"确定"。

按以上步骤得到的城镇居民恩格尔系数的移动平均预测和简单指数平滑预测如表9-5

所示。(表中的#N/A 表示没有数值。)

表 9-5 城镇居民恩格尔系数的移动平均预测和简单指数平滑预测

年份	城镇居民恩格尔系数/%	移动平均预测		简单指数平滑预测	
		$k=3$	预测误差	$\alpha=0.4$	预测误差
2003	37.1	#N/A	#N/A	#N/A	#N/A
2004	37.7	#N/A	#N/A	37.1	0.6
2005	36.7	#N/A	#N/A	37.34	−0.64
2006	35.8	37.166 67	−1.366 667 0	37.084 00	−1.284 000 0
2007	36.3	36.733 33	−0.433 333 0	36.570 40	−0.270 400 0
2008	37.9	36.266 67	1.633 333 3	36.462 24	1.437 760 0
2009	36.5	36.666 67	−0.166 667 0	37.037 34	−0.537 344 0
2010	35.7	36.900 00	−1.200 000 0	36.822 41	−1.122 406 0
2011	36.3	36.700 00	−0.400 000 0	36.373 44	−0.073 444 0
2012	36.2	36.166 67	0.033 333 3	36.344 07	−0.144 066 0
2013	30.1	36.066 67	−5.966 667 0	36.286 44	−6.186 440 0
2014	30.0	34.200 00	−4.200 000 0	33.811 86	−3.811 864 0
2015	29.7	32.100 00	−2.400 000 0	32.287 12	−2.587 118 0
2016	30.1	29.933 33	0.166 666 7	31.252 27	−1.152 271 0
2017	29.3	29.933 33	−0.633 333 0	30.791 36	−1.491 363 0
2018	34.8	29.700 00	5.100 000 0	30.194 82	4.605 182 4
2019	#N/A	31.400 00	#N/A	31.576 37	#N/A

根据表 9-5 的预测误差计算得到移动平均预测的均方误差为:

$$\text{MSE} = \frac{91.792\ 22}{13} = 7.06$$

简单指数平滑预测的均方误差为:

$$\text{MSE} = \frac{90.388\ 33}{15} = 6.03$$

从均方误差看,简单指数平滑预测的误差小于移动平均,因此,就本例而言,采用简单指数平滑预测更好。

移动平均预测和简单指数平滑预测结果的比较如图 9-5 所示。

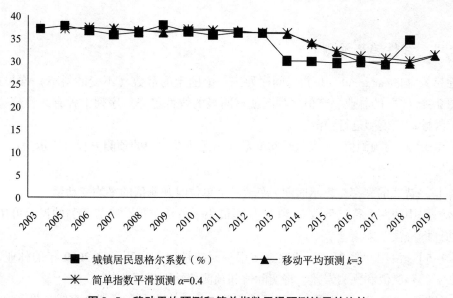

图 9-5 移动平均预测和简单指数平滑预测结果的比较

移动平均预测和简单指数平滑预测误差的散点图如图 9-6 所示。

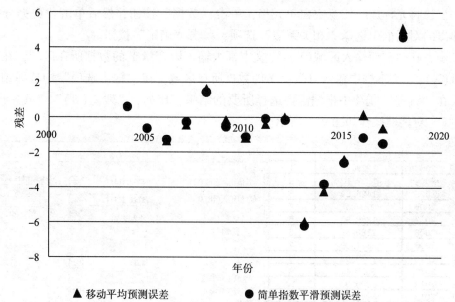

图 9-6 移动平均预测和简单指数平滑预测误差的散点图

从图 9-6 可以看出，两种方法的预测效果差不多，预测误差相差不大。从残差的分布看，基本上是随机分布，没有明显的固定模式，说明所选的预测方法基本上是合理的（可选择不同的移动平均步长和平滑系数进行预测，比较不同方法的预测效果）。

9.4 趋势预测

时间序列的趋势可能是线性的，也可能是非线性的。当序列存在明显的线性趋势时，可使用线性趋势模型进行预测。如果序列存在某种非线性变化形态，则可以使用非线性模型进行预测。

9.4.1 线性趋势预测

线性趋势（linear trend）是指时间序列按一个固定的常数（不变的斜率）增长或下降。例如，图9-2（a）的林业总产值序列图就有明显的线性趋势。序列中含有线性趋势时，可使用一元线性回归模型进行预测。

用 $\hat{y}_i$ 表示 Y_t 的预测值，t 表示时间变量，一元线性回归的预测方程可表示为：

$$\hat{y}_i = b_0 + b_1 t \tag{9-9}$$

式中，b_1 是趋势线的斜率，表示时间 t 变动一个单位时观测值的平均变动量。

趋势方程中的两个待定系数 b_0 和 b_1 根据最小平方法求得。趋势预测的误差可用线性回归中的估计标准误差来衡量。

【例9-5】 沿用"例9-3"的数据。用一元线性回归方程预测2019年的林业总产值，并计算各年的预测值和预测误差，将实际值和预测值绘图进行比较。

解：从图9-2（a）可以看出，我国林业总产值的变化形态可拟合直线。设 t 为自变量，根据最小平方法用Excel做一元线性回归，具体步骤如下。

第一步，将光标放在任意空白单元格，单击"数据"按钮，然后单击"数据分析"按钮。在弹出的对话框中选择"相关系数"选项，单击"确定"按钮。

第二步，在"Y值输入区域(Y)："文本框中输入因变量 Y 的数据所在区域，在"X值输入区域(X)："文本框中输入自变量 X 的数据所在区域。在"输出选项"中选择结果的放置位置。在"残差"选项中根据需要选择所要的结果，比如，"残差(R)""残差图(D)"等。"回归"对话框操作如图9-7所示。

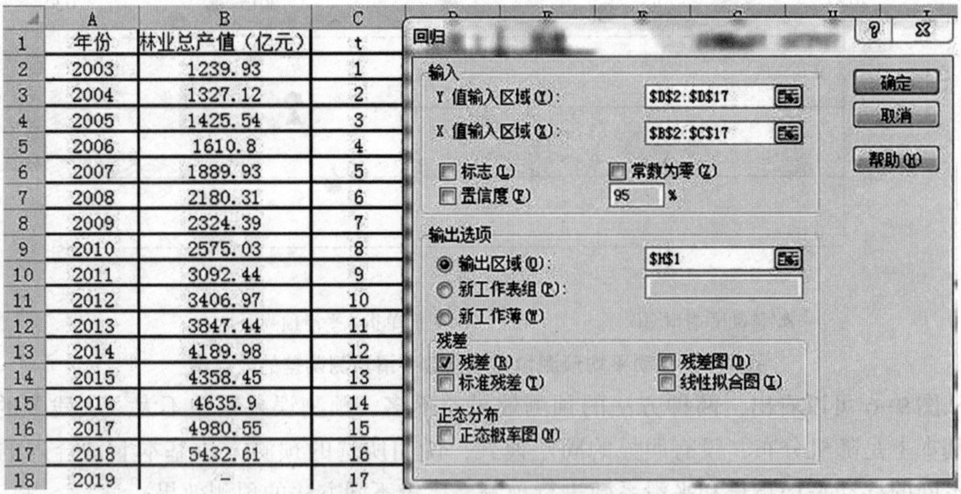

图9-7 "回归"对话框操作

单击"确定"，得到回归结果。2019年林业总产值的一元线性回归结果如图9-8所示。

```
SUMMARY OUTPUT

        回归统计
Multiple R      0.991662
R Square        0.983393
Adjusted R Sq   0.982207
标准误差         187.0643
观测值           16

方差分析
             df        SS          MS         F         significance F
回归分析       1     29009838    29009838   829.0172    7.35E-14
残差          14     489902.7    34993.05
总计          15     29499741

            Coefficien  标准误差    t Stat    P-value   Lower 95%  Upper 95%  下限 95.0%  上限 95.0%
Intercept    549.4775   98.09734   5.60135   6.53E-05  339.0796   759.8754   339.0796   759.8754
X Variable 1 292.1011   10.14499  28.79266   7.35E-14  270.3423   313.8599   270.3423   313.8599
```

图 9-8　2019 年林业总产值的一元线性回归结果

得到线性趋势方程为：

$$y = 549.48 + 292.1t$$

$b_1 = 292.1$ 表示：时间每变动一年，我国林业总产值平均增加约 292.1 亿元。将时间 17（2019 年）代入上述方程，即可得到 2019 年的预测值。我国林业总产值的一元线性回归的预测如表 9-6 所示。

表 9-6　我国林业总产值的一元线性回归的预测

年份	林业总产值/亿元	t	预测 Y	残差
2003	1 239.93	1	841.58	398.35
2004	1 327.12	2	1 133.68	193.44
2005	1 425.54	3	1 425.78	−0.24
2006	1 610.80	4	1 717.88	−107.08
2007	1 889.93	5	2 009.98	−120.05
2008	2 180.31	6	2 302.08	−121.77
2009	2 324.39	7	2 594.19	−269.80
2010	2 575.03	8	2 886.29	−311.26
2011	3 092.44	9	3 178.39	−85.95
2012	3 406.97	10	3 470.49	−63.52
2013	3 847.44	11	3 762.59	84.85
2014	4 189.98	12	4 054.69	135.29
2015	4 358.45	13	4 346.79	11.66
2016	4 635.90	14	4 638.89	−2.99
2017	4 980.55	15	4 930.99	49.56
2018	5 432.61	16	5 223.10	209.51
2019	—	17	5 515.20	—

我国林业总产值的观测值及其线性预测值的比较如图9-9所示。

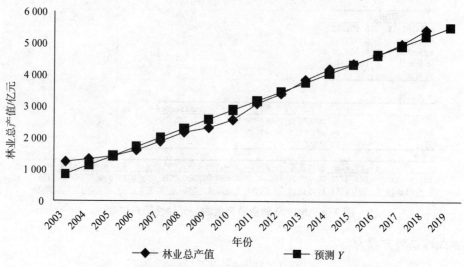

图9-9 我国林业总产值的观测值及其线性预测值的比较

我国林业总产值的一元线性回归预测的残差如图9-10所示。

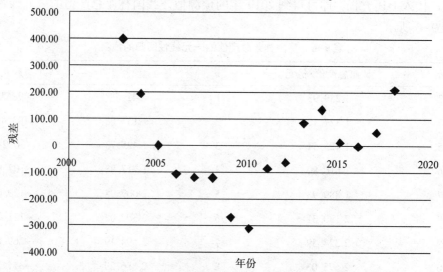

图9-10 我国林业总产值的一元线性回归预测的残差

9.4.2 非线性趋势预测

非线性趋势（non-linear trend）有各种复杂的形态。例如，图9-2（b）和图9-2（d）就有明显的非线性形态。下面只介绍指数曲线和多阶曲线两种预测方法。

1. 指数曲线

指数曲线（exponential curve）用于描述以几何级数递增或递减的现象，即时间序列的观测值 Y_t 按指数规律变化，或者说时间序列的逐期观测值按一定的增长率增大或减小。图9-2（d）就呈现某种指数变化形态。指数曲线的方程为：

$$\hat{y}_t = b_0 \exp(b_1 t) = b_0 e^{b_1 t} \tag{9-10}$$

式中，b_0 和 b_1 表示待定系数；exp 表示自然对数 ln 的反函数，e=2.718 281 828 459。

指数曲线模型还可以写为：

$$\hat{y}_t = b_0 b_1^t \tag{9-11}$$

【例9-6】 沿用"例9-3"的数据。用指数曲线预测2019年的私人汽车拥有量（单位：万辆），并将实际值和预测值绘图进行比较。

解：式（9-10）中的 b_0 和 b_1 可以通过线性化转为对数直线形式，然后根据回归中的最小平方来求解；也可以直接使用 Excel 来求解。由 Excel 求得的指数曲线方程为：

$$\hat{Y} = 1\,093.62 e^{0.196\,t}$$

使用 Excel 中的"GROWTH"函数可以进行指数曲线预测。函数的语法为：GROWTH (known_y's，[known_x's]，[new_x's]，[const])。其中 const 为逻辑值，如果 const 为"TRUE"或省略，b 将按正常计算；如果 const 为"FALSE"，b 将设为1。具体的操作步骤如下。

第一步，选择预测结果的输出区域，比如 C2：C18。

第二步，将光标放在任意空白单元格，然后单击"公式"按钮，单击插入函数"fx"按钮。

第三步，在"选择类别"下拉列表框中选择"统计"选项，并在"选择函数"列表框中选择"GROWTH"选项，单击"确定"按钮。

第四步，在出现的对话框中，在"known_y's"中输入已知的观测值 Y 的区域（本例为 B2：B17）。在"known_x's"中输入已知的时间值所在的区域（本例为 A2：A17）。在"new_x's"中输入所要预测的时间值（本例为 A2：A18）。在"Const"中输入 TRUE 或省略。"函数参数（GROWTH）"对话框操作如图 9-11 所示。

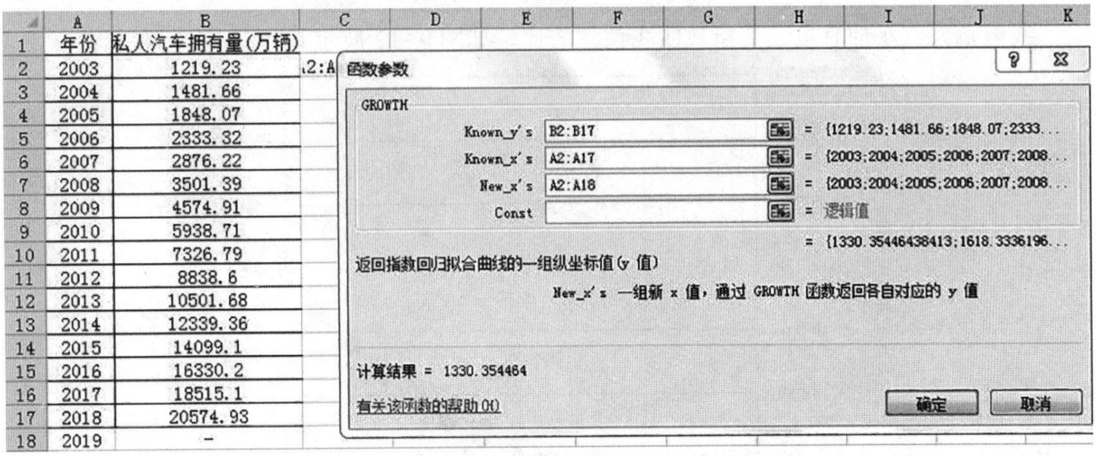

图 9-11 "函数参数（GROWTH）"对话框操作

第五步，同时按住 Ctrl 键与 Shift 键，单击"确定"。得到的结果如表 9-7 的预测值一列所示。

我国私人汽车拥有量 2003—2019 年的预测值和残差如表 9-7 所示。

表 9-7　我国私人汽车拥有量 2003—2019 年的预测值和残差

年份	私人汽车拥有量/万辆	预测值	残差
2003	1 219.23	1 330.35	−111.12
2004	1 481.66	1 618.33	−136.67
2005	1 848.07	1 968.65	−120.58
2006	2 333.32	2 394.80	−61.48
2007	2 876.22	2 913.20	−36.98
2008	3 501.39	3 543.81	−42.42
2009	4 574.91	4 310.94	263.97
2010	5 938.71	5 244.11	694.60
2011	7 326.79	6 379.30	947.49
2012	8 838.60	7 760.21	1 078.39
2013	10 501.68	9 440.05	1 061.63
2014	12 339.36	11 483.52	855.84
2015	14 099.10	13 969.33	129.77
2016	16 330.20	16 993.24	−663.04
2017	18 515.10	20 671.74	−2 156.64
2018	20 574.93	25 146.51	−4 571.58
2019	—	30 589.92	—

我国私人汽车拥有量及其指数曲线预测的比较如图 9-12 所示。

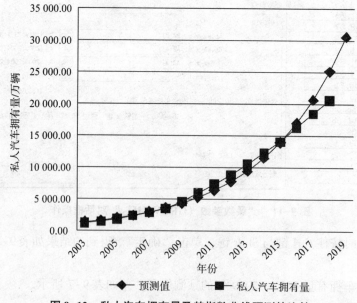

图 9-12　私人汽车拥有量及其指数曲线预测的比较

2. 多阶曲线

有些现象的变化形态比较复杂，它们不是按照某种固定的形态变化的，而是有升有降，在变化过程中可能会出现几个拐点，这时就需要拟合多项式函数。当只有一个拐点时，可以拟合二阶曲线，即抛物线；当有两个拐点时，需要拟合三阶曲线；当有 $k-1$ 个拐点时，需要拟合 k 阶曲线。k 阶曲线函数的一般形式为：

$$\hat{Y}_t = b_0 + b_1 t + b_2 t^2 + \cdots + b_k t^k \tag{9-12}$$

将其线性化后可根据最小平方方法求得曲线中的系数 b_0、b_1、b_2、…、b_k。

【例9-7】 沿用"例9-3"的数据。拟合适当的多阶曲线，预测2019年我国结婚登记数（单位：万对），并将实际值和预测值绘图进行比较。

解：从图9-2（b）可以看出，我国结婚登记数的变化形态可拟合二阶曲线（即抛物线，视为有一个拐点）。设 t 和 t^2 为自变量，根据最小平方方法用Excel做二元线性回归，具体步骤如下。

多阶曲线预测

第一步，将光标放在任意空白单元格，单击"数据"按钮，然后单击"数据分析"按钮。在弹出的对话框中选择"相关系数"选项，单击"确定"按钮。

第二步，在"Y值输入区域(Y)："中输入因变量 Y 的数据所在区域，在"X值输入区域(X)："中输入自变量 X 的数据所在区域。在"输出选项"中选择结果的放置位置。在"残差"选项中根据需要选择所要的结果，比如，"残差(R)""残差图(D)"等。"回归"对话框操作如图9-13所示。

	A	B	C	D
1	年份	t	t²	结婚登记（万对）
2	2003	1	1	811.4
3	2004	2	4	867.2
4	2005	3	9	823.1
5	2006	4	16	945
6	2007	5	25	991.4
7	2008	6	36	1098.3
8	2009	7	49	1212.4
9	2010	8	64	1241
10	2011	9	81	1302.36
11	2012	10	100	1323.59
12	2013	11	121	1346.93
13	2014	12	144	1306.93
14	2015	13	169	1224.71
15	2016	14	196	1142.82
16	2017	15	225	1063.1
17	2018	16	256	1010.8

图9-13 "回归"对话框操作

第三步，单击"确定"按钮，得到回归结果。2019年我国结婚登记数的二阶曲线回归结果如图9-14所示。

```
SUMMARY OUTPUT

        回归统计
Multiple R    0.938038
R Square      0.879915
Adjusted R Sq 0.861441
标准误差       68.17547
观测值         16

方差分析
              df      SS         MS        F         Significance F
回归分析        2    442743.7   221371.8   47.62841   1.04E-06
残差          13    60422.63   4647.894
总计          15    503166.3

              Coefficient  标准误差   t Stat    P-value   Lower 95%  Upper 95%  下限 95.0%  上限 95.0%
Intercept     564.9111    58.26339  9.695815  2.57E-07  439.0407   690.7815   439.0407    690.7815
X Variable 1  139.106     15.7744   8.818468  7.58E-07  105.0275   173.1845   105.0275    173.1845
X Variable 2  -6.8489     0.902057  -7.59254  3.94E-06  -8.79768   -4.90012   -8.79768    -4.90012
```

图 9-14　2019 年我国结婚登记数的二阶曲线回归结果

得到二阶曲线方程为：

$$\hat{Y} = 564.91 + 139.11t - 6.85t^2$$

我国结婚登记数的二阶曲线趋势预测如表 9-8 所示。

表 9-8　我国结婚登记数的二阶曲线趋势预测

年份	t	t^2	结婚登记数/万对	预测 Y	残差
2003	1	1	811.40	697.168 2	114.231 800
2004	2	4	867.20	815.727 5	51.472 500
2005	3	9	823.10	920.589 0	-97.489 000
2006	4	16	945.00	1 011.753 0	-66.752 700
2007	5	25	991.40	1 089.219 0	-97.818 600
2008	6	36	1 098.30	1 152.987 0	-54.686 700
2009	7	49	1 212.40	1 203.057 0	9.342 948
2010	8	64	1 241.00	1 239.430 0	1.570 441
2011	9	81	1 302.36	1 262.104 0	40.255 740
2012	10	100	1 323.59	1 271.081 0	52.508 830
2013	11	121	1 346.93	1 266.360 0	80.569 730
2014	12	144	1 306.93	1 247.942 0	58.988 420
2015	13	169	1 224.71	1 215.825 0	8.884 923
2016	14	196	1 142.82	1 170.011 0	-27.190 800
2017	15	225	1 063.10	1 110.499 0	-47.398 700
2018	16	256	1 010.80	1 037.289 0	-26.488 800
2019	17	289	—	950.381 1	—

我国结婚登记数的实际值和二阶曲线的预测值的比较如图 9-15 所示。我国结婚登记数的二阶曲线残差如图 9-16 所示。

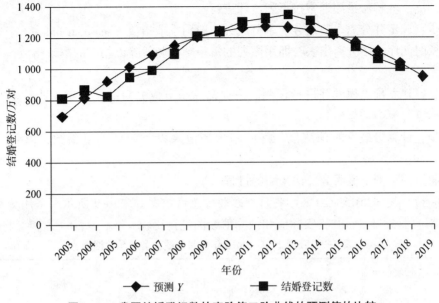

图 9-15　我国结婚登记数的实阶值二阶曲线的预测值的比较

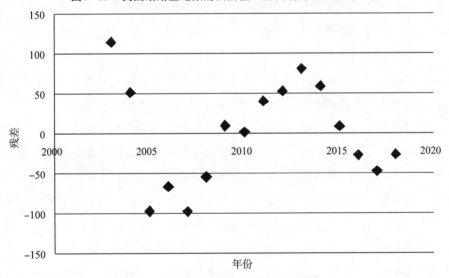

图 9-16　我国结婚登记数的二阶曲线残差

9.5　分解法预测

如果时间序列同时包含趋势、季节变动和随机波动等多种成分，可以使用分解法进行预测。

分解法预测是先将时间序列的各个成分依次分解出来，再进行预测。该方法适合含有趋势、季节、循环等多种成分序列的预测。该方法相对容易理解，结果易于解释，而且在很多情况下能给出很好的预测结果，至今仍应用

分解法预测

广泛。

采用分解法进行预测时,需要先找出季节成分并将其从序列中分离出去,然后建立预测模型进行预测。分解法预测通常按下列步骤进行。

第一步,确定并分离季节成分。季节成分一般用季节指数(seasonal index)来表示。将季节成分从时间序列中分离出去,即用序列的每一个观测值除以相应的季节指数,以消除季节成分。

第二步,建立预测模型并进行预测。根据消除季节成分后的序列建立线性回归预测模型,并根据这一模型进行预测。

第三步,计算出最后的预测值。将回归预测值乘以相应的季节指数,得到最终的预测值。

下面通过一个例子说明分解法预测的过程。

【例9-8】 我国2015—2018年各月邮政业务总量数据如表9-9所示。采用分解法预测2019年的邮政业务总量,并将实际值和预测值绘图进行比较。

表9-9 我国2015—2018年各月邮政业务总量数据　　　单位:亿元

时间	邮政业务总量	时间	邮政业务总量	时间	邮政业务总量	时间	邮政业务总量
2015年1月	370.8	2016年1月	530.4	2017年1月	578.9	2018年1月	991.9
2015年2月	243.3	2016年2月	348.0	2017年2月	602.6	2018年2月	579.3
2015年3月	369.1	2016年3月	583.3	2017年3月	760.0	2018年3月	1 010.0
2015年4月	373.8	2016年4月	572.5	2017年4月	733.9	2018年4月	931.8
2015年5月	392.7	2016年5月	597.0	2017年5月	805.0	2018年5月	1 007.2
2015年6月	419.9	2016年6月	607.1	2017年6月	816.9	2018年6月	1 007.8
2015年7月	398.8	2016年7月	584.9	2017年7月	776.8	2018年7月	988.9
2015年8月	417.4	2016年8月	595.2	2017年8月	791.8	2018年8月	983.0
2015年9月	457.0	2016年9月	654.2	2017年9月	868.7	2018年9月	1 065.1
2015年10月	468.8	2016年10月	695.5	2017年10月	900.6	2018年10月	1 123.7
2015年11月	597.0	2016年11月	847.5	2017年11月	1 114.2	2018年11月	1 376.7
2015年12月	569.9	2016年12月	781.6	2017年12月	1 014.1	2018年12月	1 276.0

资料来源:国家统计局官网 http://www.stats.gov.cn。

解:先绘制出邮政业务总量的时间序列图,观察所包含的成分。我国邮政业务总量的时间序列如图9-17所示。

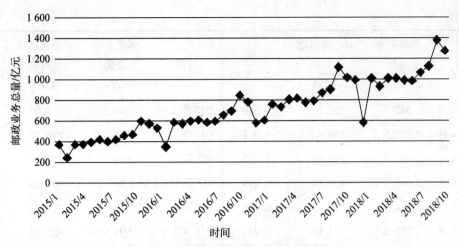

图9-17 我国邮政业务总量的时间序列

图9-17显示,邮政业务总量的变化具有明显的季节成分,而且随时间的推移具有线性上升趋势。因此,可以采用分解法进行预测,具体步骤如下。

第一步,确定并分离季节成分。季节成分用季节指数表示。季节指数的计算方法有多种,这里只介绍移动平均趋势剔除法。该方法的基本步骤如下。

(1) 计算移动平均值（季度数据采用4项移动平均,月份数据则采用12项移动平均）,并将其结果进行中心化处理,也就是将移动平均的结果再进行一次2项的移动平均,即得出中心化移动平均值（CMA）。

(2) 计算移动平均的比值（也称季节比率,即将序列的各观测值除以相应的中心化移动平均值）,然后计算出各比值的季度（或月份）平均值。

(3) 调整季节指数。由于各季节指数的平均数应等于1或100%,若计算出的季节比率的平均值不等于1,则需要进行调整。具体方法是将此前计算的每个季节比率的平均值除以它们的总平均值。

下面举例说明分解法预测的第一步。首先,计算季节指数。2015—2018年邮政业务总量的中心化移动平均值及其比值如表9-10所示。

表9-10 2015—2018年邮政业务总量的中心化移动平均及其比值

时间	邮政业务总量/亿元	中心化移动平均值/CMA	比值/(Y/CMA)	时间	邮政业务总量/亿元	中心化移动平均值/CMA	比值/(Y/CMA)
2015年1月	370.8	—	—	2015年8月	417.4	440.87	0.947
2015年2月	243.3	—	—	2015年9月	457.0	454.16	1.006
2015年3月	369.1	—	—	2015年10月	468.8	471.36	0.995
2015年4月	373.8	—	—	2015年11月	597.0	488.15	1.223
2015年5月	392.7	—	—	2015年12月	569.9	504.47	1.130
2015年6月	419.9	—	—	2016年1月	530.4	520.02	1.020
2015年7月	398.8	429.86	0.928	2016年2月	348.0	535.18	0.650

时间	邮政业务总量/亿元	中心化移动平均值/CMA	比值/(Y/CMA)	时间	邮政业务总量/亿元	中心化移动平均值/CMA	比值/(Y/CMA)
2016年3月	583.3	550.81	1.059	2017年8月	791.8	847.07	0.935
2016年4月	572.5	568.47	1.007	2017年9月	868.7	856.52	1.014
2016年5月	597.0	588.35	1.015	2017年10月	900.6	875.18	1.029
2016年6月	607.1	607.61	0.999	2017年11月	1 114.2	891.85	1.249
2016年7月	584.9	618.45	0.946	2017年12月	1 014.1	908.23	1.117
2016年8月	595.2	631.08	0.943	2018年1月	991.9	925.02	1.072
2016年9月	654.2	649.05	1.008	2018年2月	579.3	941.83	0.615
2016年10月	695.5	663.14	1.049	2018年3月	1 010.0	957.98	1.054
2016年11月	847.5	678.53	1.249	2018年4月	931.8	975.45	0.955
2016年12月	781.6	695.94	1.123	2018年5月	1 007.2	995.69	1.012
2017年1月	578.9	712.68	0.812	2018年6月	1 007.8	1 017.54	0.990
2017年2月	602.6	728.87	0.827	2018年7月	988.9	—	—
2017年3月	760.0	746.00	1.019	2018年8月	983.0		
2017年4月	733.9	763.48	0.961	2018年9月	1 065.1		
2017年5月	805.0	783.14	1.028	2018年10月	1 123.7		
2017年6月	816.9	803.94	1.016	2018年11月	1 376.7		
2017年7月	776.8	830.83	0.935	2018年12月	1 276.0		

为计算各比值的平均值和季节指数,需要将表9-10中的比值再按季度重新排列,结果如表9-11所示。

表9-11 各季节指数计算

时间	2015	2016	2017	2018	同月平均	季节指数/%
1	—	1.020	0.812	1.072	0.968	96.989
2	—	0.650	0.827	0.615	0.697	69.859
3	—	1.059	1.019	1.054	1.044	104.586
4	—	1.007	0.961	0.955	0.975	97.625
5	—	1.015	1.028	1.012	1.018	101.985
6	—	0.999	1.016	0.990	1.002	100.367
7	0.928	0.946	0.935	—	0.936	93.780
8	0.947	0.943	0.935	—	0.942	94.321
9	1.006	1.008	1.014	—	1.009	101.125

续表

时间	2015	2016	2017	2018	同月平均	季节指数/%
10	0.995	1.049	1.029	—	1.024	102.594
11	1.223	1.249	1.249	—	1.240	124.262
12	1.130	1.123	1.117	—	1.123	112.510

然后,分离季节成分。将各实际观测值分别除以相应的季节指数,结果即为季节分离后的序列,见表 9-12 中的⑤列,它反映了在没有季节因素影响的情况下时间序列的变化形态。邮政业务总量的剔除季节变动如图 9-18 所示。

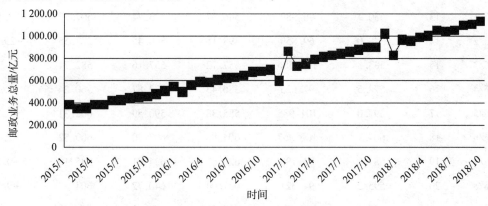

图 9-18 邮政业务总量的剔除季节变动

图 9-18 显示,剔除季节成分后的邮政业务总量具有明显的线性趋势。因此,可用一元线性模型来预测各月的邮政业务总量。

第二步,建立预测模型并进行预测。根据分离季节性因素的序列确定的线性趋势方程为 $\hat{Y}=3.06+0.17t$。根据这一趋势方程计算的各期预测值见表 9-12 中的⑥列。

表 9-12 我国邮政业务总量的预测值

时间 (年份/ 月份)	时间编号 t	邮政业务总量 Y/亿元	季节指数 S/%	季节分离后 的序列 Y/S	回归趋势值	最终预测值	预测误差
①	②	③	④	⑤=③/④	⑥	⑦=⑥×④	⑧=③-⑦
2015/1	1	370.8	96.989	382.31	323.21	313.47	57.33
2015/2	2	243.3	69.859	348.27	339.92	237.46	5.84
2015/3	3	369.1	104.586	352.92	356.63	372.98	-3.88
2015/4	4	373.8	97.625	382.90	373.34	364.47	9.33
2015/5	5	392.7	101.985	385.06	390.05	397.79	-5.09
2015/6	6	419.9	100.367	418.37	406.76	408.25	11.65
2015/7	7	398.8	93.780	425.25	423.47	397.13	1.67
2015/8	8	417.4	94.321	442.53	440.18	415.19	2.21

续表

时间（年份/月份）	时间编号 t	邮政业务总量 Y/亿元	季节指数 S/%	季节分离后的序列 Y/S	回归趋势值	最终预测值	预测误差
2015/9	9	457.0	101.125	451.92	456.90	462.03	-5.03
2015/10	10	468.8	102.594	456.95	473.61	485.89	-17.09
2015/11	11	597.0	124.262	480.44	490.32	609.28	-12.28
2015/12	12	569.9	112.510	506.53	507.03	570.46	-0.56
2016/1	13	530.4	96.989	546.87	523.74	507.97	22.43
2016/2	14	348.0	69.859	498.15	540.45	377.55	-29.55
2016/3	15	583.3	104.586	557.72	557.16	582.71	0.59
2016/4	16	572.5	97.625	586.43	573.87	560.24	12.26
2016/5	17	597.0	101.985	585.38	590.59	602.31	-5.31
2016/6	18	607.1	100.367	604.88	607.30	609.52	-2.42
2016/7	19	584.9	93.780	623.69	624.01	585.19	-0.29
2016/8	20	595.2	94.321	631.04	640.72	604.33	-9.13
2016/9	21	654.2	101.125	646.92	657.43	664.82	-10.62
2016/10	22	695.5	102.594	677.92	674.14	691.63	3.87
2016/11	23	847.5	124.262	682.03	690.85	858.46	-10.96
2016/12	24	781.6	112.510	694.70	707.56	796.08	-14.48
2017/1	25	578.9	96.989	596.87	724.27	702.46	-123.56
2017/2	26	602.6	69.859	862.59	740.99	517.64	84.96
2017/3	27	760.0	104.586	726.67	757.70	792.44	-32.44
2017/4	28	733.9	97.625	751.76	774.41	756.01	-22.11
2017/5	29	805.0	101.985	789.33	791.12	806.82	-1.82
2017/6	30	816.9	100.367	813.92	807.83	810.79	6.11
2017/7	31	776.8	93.780	828.32	824.54	773.25	3.55
2017/8	32	791.8	94.321	839.48	841.25	793.48	-1.68
2017/9	33	868.7	101.125	859.04	857.96	867.61	1.09
2017/10	34	900.6	102.594	877.83	874.67	897.36	3.24
2017/11	35	1 114.2	124.262	896.66	891.39	1 107.65	6.55
2017/12	36	1 014.1	112.510	901.35	908.10	1 021.70	-7.60
2018/1	37	991.9	96.989	1 022.70	924.81	896.96	94.94
2018/2	38	579.3	69.859	829.24	941.52	657.74	-78.44

续表

时间 (年份/ 月份)	时间编号 t	邮政业务总量 Y/亿元	季节指数 S/%	季节分离后 的序列 Y/S	回归趋势值	最终预测值	预测误差
2018/3	39	1 010.0	104.586	965.71	958.23	1 002.17	7.83
2018/4	40	931.8	97.625	954.47	974.94	951.78	-19.98
2018/5	41	1007.2	101.985	987.60	991.65	1 011.34	-4.14
2018/6	42	1007.8	100.367	1 004.12	1 008.36	1 012.06	-4.26
2018/7	43	988.9	93.780	1 054.49	1 025.07	961.31	27.59
2018/8	44	983.0	94.321	1 042.19	1 041.79	982.62	0.38
2018/9	45	1 065.1	101.125	1 053.26	1 058.50	1 070.40	-5.30
2018/10	46	1 123.7	102.594	1 095.29	1 075.21	1 103.10	20.60
2018/11	47	1 376.7	124.262	1 107.90	1 091.92	1 356.84	19.86
2018/12	48	1 276.0	112.510	1 134.13	1 108.63	1 247.31	28.69

第三步，计算出最后的预测值。将回归预测值乘以相应的季节指数，就得到最后的预测值，见表9-12的⑦列。

2019年我国邮政业务总量的预测值如表9-13所示。

表9-13　2019年我国邮政业务总量的预测值

月份	时间编号	季节指数	回归趋势值	最终预测值
1	49	96.989	1 125.29	1 091.40
2	50	69.859	1 142.00	797.79
3	51	104.586	1 158.71	1 211.85
4	52	97.625	1 175.42	1 147.50
5	53	101.985	1 192.13	1 215.79
6	54	100.367	1 208.84	1 213.27
7	55	93.780	1 225.55	1 149.32
8	56	94.321	1 242.26	1 171.71
9	57	101.125	1 258.97	1 273.13
10	58	102.594	1 275.68	1 308.77
11	59	124.262	1 292.39	1 605.95
12	60	112.510	1 309.10	1 472.86

我国邮政业务总量的实际值和预测值如图9-19所示。从图9-19可以看出，预测效果非常好。

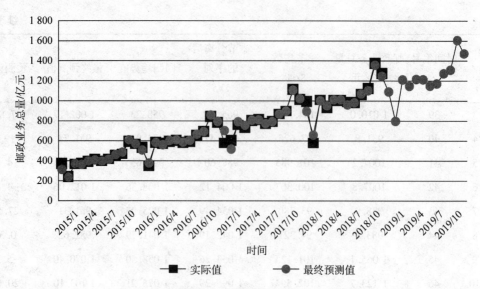

图 9-19　我国邮政业务总量的实际值和预测值

练习题

1. 2004—2018 年我国汽车产量如表 9-14 所示。

表 9-14　2004—2018 年我国汽车产量

年份	汽车产量/万辆	年份	汽车产量/万辆
2004	509.11	2012	1 927.62
2005	570.49	2013	2 212.09
2006	727.89	2014	2 372.52
2007	888.89	2015	2 450.35
2008	930.59	2016	2 811.91
2009	1 379.53	2017	2 901.81
2010	1 826.53	2018	2 781.90
2011	1 841.64		

计算汽车产量的环比增长率、定基增长率和年平均增长率。

2. 2004—2018 年我国地震灾害次数如表 9-15 所示。

表 9-15　2004—2018 年我国地震灾害次数

年份	地震灾害次数/次	年份	地震灾害次数/次
2004	11	2008	17
2005	13	2009	8
2006	10	2010	12
2007	3	2011	18

续表

年份	地震灾害次数/次	年份	地震灾害次数/次
2012	12	2016	16
2013	14	2017	12
2014	20	2018	16
2015	14		

判断序列类型，选择最佳方法进行预测，并预测2019年的地震灾害次数。

3. 2004—2018年我国居民消费水平如表9-16所示。

表9-16　2004—2018年我国居民消费水平

年份	居民消费水平/元	年份	居民消费水平/元
2004	5 138	2012	14 699
2005	5 771	2013	16 190
2006	6 416	2014	17 778
2007	7 572	2015	19 397
2008	8 707	2016	21 285
2009	9 514	2017	22 935
2010	10 919	2018	25 002
2011	13 134		

判断序列类型，选择恰当方法进行预测，并预测2019年我国的居民消费水平。

4. 2004—2018年我国个人所得税如表9-17所示。

表9-17　2004—2018年我国个人所得税

年份	个人所得税/亿元	年份	个人所得税/亿元
2004	1 737.06	2012	5 820.28
2005	2 094.91	2013	6 531.53
2006	2 453.71	2014	7 376.61
2007	3 185.58	2015	8 617.27
2008	3 722.31	2016	10 088.98
2009	3 949.35	2017	11 966.37
2010	4 837.27	2018	13 871.87
2011	6 054.11		

判断序列类型，选择恰当方法进行预测，并预测2019年我国居民个人所得税。

5. 2006—2016年我国居民平均每天煤炭消费量如表9-18所示。

表 9-18 2006—2016 年我国居民平均每天煤炭消费量

年份	平均每天煤炭消费量/万吨	年份	平均每天煤炭消费量/万吨
2006	698.8	2012	1 124.9
2007	747.2	2013	1 162.8
2008	768.0	2014	1 127.7
2009	810.5	2015	1 087.7
2010	956.2	2016	1 050.7
2011	1 065.6		

判断序列类型，选择恰当方法进行预测，并预测 2019 年我国居民平均每天煤炭消费量。

6. 2004—2017 年各季度我国渔业总产值如表 9-19 所示。

表 9-19 2004—2017 年各季度我国渔业总产值

时间 （年份/ 季度）	渔业总产值 /亿元	时间 （年份/ 季度）	渔业总产值 /亿元	时间 （年份/ 季度）	渔业总产值 /亿元	时间 （年份/ 季度）	渔业总产值 /亿元
2014/1	1 484.9	2015/1	1 586.4	2016/1	1 731.2	2017/1	1 850.2
2014/2	1 970.6	2015/2	2 082.3	2016/2	2 229.2	2017/2	2 438.2
2014/3	2 277.5	2015/3	2 443.1	2016/3	2 615.2	2017/3	2 815.9
2014/4	4 144.5	2015/4	4 227.3	2016/4	4 317.3	2017/4	4 472.8

判断序列类型，选择恰当方法进行预测，并预测 2019 年各季度我国渔业总产值。

Excel 中的统计函数

本附录列出了本书用到的 Excel（2010）中的统计函数，具体使用时可随时查看函数的帮助。

函数	语法	参数的含义	返回结果
AVERAGE	AVERAGE（number1，[number2]，…）	Number1 为计算平均值的数据区域	平均数
CHISQ.INV	CHISQ.INV（probability，Deg_freedom）	Probability 为 χ^2 分布的累积概率	χ^2 分布左尾函数值
CHISQ.INV.RT	CHISQ.INV.RT（probability，Deg_freedom）	同上	χ^2 分布右尾函数值
CONFIDENCE.NORM	CONFIDENCE.NORM（alpha，standard_dev，size）	alpha 为用来计算置信水平的显著性水平，置信水平等于 $100 \times (1-alpha)\%$；standard_dev 为已知的总体标准差，未知时用样本标准差代替；size 为样本量	正态分布总体均值的置信区间
CONFIDENCE.T	CONFIDENCE.T（alpha，standard_dev，size）	alpha 为用来计算置信水平的显著性水平，置信水平等于 $100 \times (1-alpha)\%$；standard_dev 为样本标准差；size 为样本量	t 分布总体均值的置信区间
CORREL	CORREL（array1，array2）	array1 为变量 1 的数据区域，array2 为变量 2 的数据区域	相关系数

续表

函数	语法	参数的含义	返回结果
GROWTH	GROWTH（known_y's，[known_x's]，[new_x's]，[const]）	known_y's 为已知的观测值 Y 的区域；known_x's 为已知的时间所在的区域；new_x's 为要预测的时间区域；const 为可先逻辑值，用于指定是否将常量 b 强制设为 1，如果为 TRUE 或省略，b 将按正常计算	指数曲线预测值
KURT	KURT（number1，number2，…）	number1，number2，… 为用于计算峰度系数的数据区域	峰度系数
MEDIAN	MEDIAN（number1，number2，…）	number1，number2，… 为用于计算中位数的数据区域	中位数
MODE.SNGL	MODE.SNGL（number1，number2，…）	number1，number2，… 为用于计算众数的数据区域	众数
NORM.S.INV	NORM.S.INV（probability）	probability 为对应于正态分布的概率	标准正态累积分布函数的反函数值
PERCENTILE.INC	PERCENTILE.INC（array，k）	array 为用于计算百分位数的数组或数据区域；k 为 0 与 1 之间的百分点值，包含 0 和 1	第 k 个百分点的值
QUARTILE.INC	QUARTILE.INC（array，quart）	array 为用于计算四分位数值的数组或数据区域；quart 指定返回哪个值	四分位数
SKEW	SKWE（number1，number2，…）	number1，number2，… 为用于计算偏度系数的数据区域	偏度系数
STANDARDIZE	STANDARDIZE（x，mean，standard_dev）	x 为需要进行正态化的数值；mean 为分布的均值；standard_dev 为分布的标准差	标准分数
STDEV.S	STDEV.S（number1，number2，…）	number1 为用于计算标准差的数组区域	样本标准差
T.INV	T.INV（probability，Deg_freedom）	Probability 为 t 分布的双尾概率	t 分布左尾函数值
T.INV.2T	T.INV.2T（probability，Deg_freedom）	同上	t 分布双尾函数值
VAR.S	VAR.S（number1，number2，…）	number1，number2，… 为用于计算方差的数组	样本方差
Z.TEST	Z.TEST（array，x，sigma）	array 用来检验 x 的数组或数据区域；x 为假设的总体均值	Z 检验的单尾 P 值

参考文献

[1] 贾俊平. 统计学——基于 Excel [M]. 北京：中国人民大学出版社，2017.
[2] 贾俊平. 统计学——基于 SPSS [M]. 2 版. 北京：中国人民大学出版社，2016.
[3] 贾俊平. 统计学——基于 R [M]. 2 版. 北京：中国人民大学出版社，2017.
[4] 贾俊平. 统计学 [M]. 6 版. 北京：中国人民大学出版社，2016.
[5] 贾俊平. 统计学基础 [M]. 3 版. 北京：中国人民大学出版社，2017.
[6] 吴喜之. 统计学——从概念到数据分析 [M]. 北京：高等教育出版社，2008.
[7] 安德森，斯威尼，威廉姆斯. 商务与经济统计 [M]. 张建华，王健，冯燕奇，等译. 北京：机械工业出版社，2000.
[8] 特里奥拉. 初级统计学 [M]. 8 版. 刘立新，译. 北京：清华大学出版社，2004.
[9] 布莱克，埃尔德雷奇. 以 Excel 为决策工具的商务与经济统计 [M]. 张人琴，张玉梅，杨琳，译. 北京：机械工业出版社，2003.
[10] 蒙哥马利，朗格尔，于贝尔. 工程统计学 [M]. 代金，魏秋萍，译. 北京：中国人民大学出版社，2005.
[11] 布莱克. 商务统计学 [M]. 4 版. 李静萍，译. 北京：中国人民大学出版社，2006.

参考文献

[1] 薛薇. SPSS统计分析方法及应用[M]. 北京：中国人民大学出版社, 2017.
[2] 张文彤. 破解SPSS——多层和重复测量数据分析[M]. 5版. 北京：中国人民大学出版社, 2016.
[3] 张文彤. 高等统计学[M]. 2版. 北京：清华大学出版社, 2017.
[4] 李昕, 张明明. SPSS的应用[M]. 6版. 北京：中国人民大学出版社, 2016.
[5] 贾俊平. 统计学基础[M]. 5版. 北京：中国人民大学出版社, 2017.
[6] 余建英, 何旭宏. 数据统计分析与SPSS应用[M]. 北京：人民邮电出版社, 2008.
[7] 杜强, 贾丽艳. 实用统计分析方法与SPSS应用[M]. 黎明, 王蕾, 陆爱华, 等译. 北京：电子工业出版社, 2009.
[8] 薛薇. 统计分析与SPSS的应用[M]. 3版. 朱记, 刘云霞, 陈玲, 译. 北京：清华大学出版社, 2004.
[9] 郝黎仁. 实用统计分析方法与SPSS应用教程[M]. 周永, 张玉珍, 张天路, 等译. 北京：机械工业出版社, 2002.
[10] 卢纹岱. 基于SPSS for Windows的统计分析[M]. 北京：电子工业出版社, 2005.
[11] 时立文. 数据统计分析[M]. 7版. 北京：中国人民大学出版社, 2006.